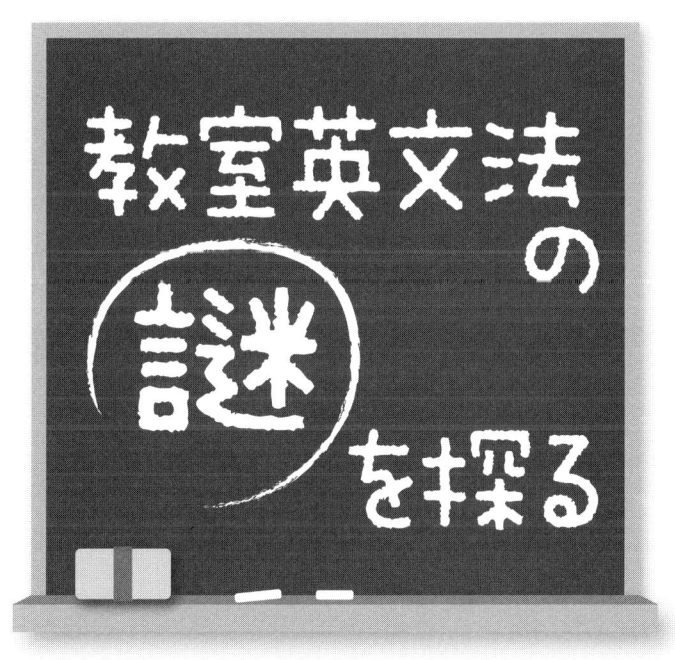

中川右也

開拓社

―《本書での記号の使い方》――――――――――――――――
○	文法的な例	×	非文法的な例	△	不自然な例
S	主語	S′	節内の主語もしくは意味上の主語		
V	動詞	V′	節内の動詞もしくは意味上の動詞		
C	補語				
O	目的語	O_1	間接目的語	O_2	直接目的語
P	述語				

まえがき

　本書は，英語学の知見に基づいて，様々な英文法の疑問をわかりやすく解説した本です。私たちは日頃英語を学んでいくうえで，一見素朴な，しかし，理由を考えてみると意外と難しい，英文法の不思議な疑問に遭遇します。そうした疑問としては，例えば，「be 動詞なのに，なぜ否定命令文を作るときには一般動詞のように do を使って Don't be 〜. としなければならないのか」，「短縮形 aren't は，are not を短縮したものだけではないというのは本当なのか」，「I have a pen.（私はペンを持っています）は，文法的には間違ってはいないけれども，日本語でも少しぎこちない感じがする。それはなぜか」などがあるでしょう。これらの疑問も含めて，本書では，学習者が特に興味・関心を持つと思われる 50 項目をとりあげて，英文法の不思議な「謎」に対して，その理由を答えていきます。

　本書は 3 つの章から成り立っています。第 1 章「動詞と動詞周辺の不思議」では，時制，助動詞，能動態と受動態，不定詞と動名詞など，動詞を中心とする英文法の疑問を解明していきます。第 2 章「英語の意味の不思議」では，each と every のように辞書に載っている日本語を見比べただけでは違いをイメージしにくい単語や，anything but（決して〜ない），if it were not for 〜（もし〜がなかったら）のように，英文を見ただけでは意味を直観的に理解しづらい表現をとりあげ，その背後にある英文法の論理を解説していきます。第 3 章「英語の形の不思議」では，5 文型，比較級と最上級，不定詞の意味上の主語，強調構

文など，英語の様々な構文にまつわる疑問を解き明かしていきます。

第 1 章から第 3 章まで，あわせて 50 項目の疑問をとりあげています。さらに，もう少し深く英文法の論理を知りたいという方のために，発展編として 16 項目を加えています。

本書の各項目は，基本となる 50 項目はもちろん，発展編 16 項目も，それぞれが独立した内容になっています。読者の方には，最初から順番通りに読み進めていただくことはもちろん，興味のある項目から先に読んでいただくことも可能です。

英語学習において英文法は大切だとわかっていても，「文法」は，とかく「退屈」，「難解」，「無味乾燥」などのマイナスイメージがつきまとい，敬遠されがちです。本書では多くの学習者が英文法を学んでいて疑問を感じたり，不思議に思ったりする箇所を中心に，英文法の論理と感覚を実感してもらえそうな項目を選び，できる限りわかりやすく説明しました。

本書は，英文法を教える中で日々様々な疑問をお持ちの先生方，英文法に興味・関心を寄せておられる社会人や学生の方々に読んでいただくことを想定して書きました。英語学を専門的には学んだことのない方々にも読みやすいように，なるべく平易な表現で解説しています。平易さを目指すあまり，専門的な精緻さを犠牲にした箇所があること，学説が分かれる点での学術的な論考をあえて省いていることに関しては，ご理解をいただきたく存じます。

英文法には，いや，英文法にこそ，ネイティブスピーカー独特のものの考え方，感じ方が，ダイナミックにあらわれていること——このことを，読者の方々に少しでもわかっていただけたら，そして，英文法が理解できる楽しさを，読者の方々に体

験しながら読んでいただけたら，筆者としてこの上ない喜びです。英文法の背景にある，論理と感覚を理解することで，私たちは，ネイティブスピーカーの思考の枠組みやフィーリングに触れることができます。それは，まさに異文化理解の最も深い醍醐味とも言えるでしょう。

　本書を上梓するまでには、多くの方々のお世話になりました。まず，学生時代の恩師である広島大学名誉教授，安藤貞雄博士は，本書の原稿を何度も精読し，多くの鋭いご指摘・ご批判をしてくださいました。安藤先生との議論によって，私の知識のいたらなかった点，論理の運びの欠点などに気付き，本書をより充実したものとすることができました。ご自宅にお招きいただいたうえ，長時間に及ぶディスカッションで，貴重なご教示を賜ったことをこの場に記し，改めて感謝申し上げます。

　本書には多くの英語の例文が登場しますが，それらのすべてに目を通し，ネイティブスピーカーの立場から英文校閲をしてくださいました，神戸市外国語大学准教授のゼヌック・西出ローリー先生に深く謝意を表したいと思います。

　英語があまり得意でない学習者や専門家以外の方々にも本書を読んでいただけるよう，なるべく平易な文章にするために，原稿のすべての文章を推敲することを引き受けてくださいました，元大阪桐蔭中学校国語科の追分晶子先生のご尽力に対して，心から感謝を捧げたいと思います。

　この本のもととなるアイディアの多くは，英語教育の現場から生まれたものです。英文法に関する貴重な疑問を寄せていただいた同僚の先生方に，そして，授業中はもとより授業が終わったあとも熱心に質問に来て，英語学習の際にどこでつまずくかを，ときに鋭く，ときにユニークな実例でもって示してく

れた生徒・学生の諸君に感謝いたします。

　末筆ながら，本書刊行にあたって，開拓社編集部の方々には多大なるご理解とご配慮を賜りました。遅れがちな原稿を忍耐強く待っていただき，編集に際して原稿を綿密にチェックし，無事に世に送り出していただいたことに，衷心より感謝の気持ちを表したいと思います。

著　者

目　次

第1章　動詞と動詞周辺の不思議

1. 100%の可能性をあらわす may とは？　　2
2. must イコール have to ではないの？　　4
3. must (～にちがいない) と should (～のはずだ) の違いがわからないのですが…　　10
4. Don't be silly!「ばかなことをするな！」は，be 動詞を否定するのになぜ don't を使うの？　　14
5. be going to が，なぜ「～するつもりです」という意味になるの？　　17
6. 時や条件をあらわす副詞節は，なぜ未来のことなのに現在形なの？　　19

   発展　時や条件をあらわす副詞節の中なのに will を使う場合ってどんなとき？　　22

7. 〈will have + 過去分詞〉が過去のことをあらわすことがあるって本当？　　24
8. 受身の by の位置がわからないのですが…　　27
9. This book is read by Taro. とは，なぜ言えないの？　　29

   発展　影響を受けているのに受動態が使えなかったり，影響を受けていないのに受動態を使える文があるのはなぜ？　　30

10. be known to ～ (～に知られている) の to を by にしてはいけないの？　　32

    発展　受動態なのに，なぜ by 以外の前置詞が使えるの？　　33

11 第3文型で to をとる動詞と for をとる動詞の区別はどのように覚えたらいいの？ 35
　発展 前置詞 to と for の違いって何？ 36
12 不定詞を目的語にする動詞と動名詞を目的語にする動詞の識別を教えて！ 38
　発展 dislike は，なぜ動名詞しか目的語にとらないの？ 41
13 なぜ受身の動名詞を使った表現 This old watch needs being repaired. にはならないの？ 43
14 It is surprising that のあとに，なぜ現在形が来るの？ 48
15 時制の一致がわからないのですが… 51
16 使役動詞で使われる get だけ，なぜ get A to do と，to が必要なの？ 58
17 「英語で辞書って何と言いますか？」を What do you say "jisho" in English? と言えないのはなぜですか？ 61

第2章　英語の意味の不思議

1 each と every の違いは？ 66
2 cannot help 〜ing は，なぜ「〜せずにはいられない」という意味になるの？ 70
3 anything but が，なぜ「決して〜ない」という否定の意味になるの？ 72
4 「あなたが都合よければ」は，なぜ if you are convenient ではないの？ 74
　発展 Help my homework. は，なぜおかしな文なの？ 76
5 I have a pen. は，おかしな文なのですか？ 78
6 マクドナルドの i'm lovin' it ってどんな意味？ 80

| 7 | unusable は，なぜ「使わなくてもよい」の意味にならないの？ | 83 |

| 8 | I am as tall as Taro. を「私は太郎と同じくらい背が高い」と訳してはだめなの？ | 85 |

| 9 | have been dead「ずっと死んだ状態である」という表現に違和感があるのですが… | 88 |

発展 He has died for 3 years. は，なぜおかしな文なの？ 89

| 10 | already は，なぜ疑問文では使えないの？ | 91 |

| 11 | 不定詞の形容詞的用法は，なぜ「～すべき」という should の意味になるの？ | 93 |

発展 不定詞の意味上の主語なのに，なぜ for がいらないの？ 95

| 12 | On ～ing は，なぜ「～するとすぐに」という意味になるの？ | 97 |

| 13 | 付帯状況の分詞の使い方がわからないのですが… | 99 |

発展 能動態なのに受身の意味になる，過去分詞なのに受身の意味にならない，いったいどうして？ 103

| 14 | and が but の意味に？ | 105 |

発展 and が原因と結果の関係をあらわす場合とは？ 107

| 15 |「もし～がなければ」は，なぜ if it were not for ～ であらわすの？ | 108 |

| 16 | 事実を強調する仮定法って？ | 112 |

第3章　英語の形の不思議

| 1 | 短縮形 aren't のもとの形は are not だけではないのですか？ | 116 |

② money（お金）や homework（宿題）は，なぜ数えられないの？ …… 118

③ It is difficult that we study English. とは，なぜ言えないの？ …… 120

④ I like apples better than oranges. の better の原級は？ …… 122

⑤ 〈as ～ as ...〉構文の"～"には，形容詞や副詞以外も入るの？ …… 124

⑥ 比較級 + than any other ～（他のどの～よりも...）の"～"には，なぜ複数名詞は来ないの？ …… 126

⑦ 最上級でも the を付けないときってどんな場合？ …… 128

⑧ I sent Tokyo a letter.「私は東京に手紙を送った」は，おかしな文なの？ …… 132

　発展 I gave Hanako it. は，なぜおかしな文なの？ …… 134

⑨ want + A + to do（A に～してほしいと思う）は第何文型なの？ …… 137

⑩ why to do という表現は，なぜないの？ …… 143

　発展「誰が行くべきか」を who to go とするのは，なぜおかしいの？ …… 144

⑪ It is careless of you to ～「～するとは君は不注意だ」のように，なぜ性格をあらわす形容詞のあとでは不定詞の意味上の主語は〈of +人〉という形になるの？ …… 147

　発展 a friend of me は，なぜ間違いなの？ …… 152

⑫ なぜ「キノコ狩り」は gathering mushrooms ではなく，mushroom gathering と言うの？ …… 155

　発展 不定詞の名詞的用法と動名詞，どっちが名詞らしいの？ …… 158

⑬ This book is easy to be read. には，なぜならないの？ …… 160

⑭ 分詞 1 語なのに，なぜ名詞のあとに置かれるの？ …… 162

15	強調構文には，なぜ It is ～ that ... を使うの？	166
16	I think that ～の that は，なぜ省略できるの？	171
	発展 that が省略できないときって？	174
17	because 節は，なぜ文頭に置かない方がいいの？	176
	発展 because と "～, for ..." の意外なつながりって？	178

参考文献　181
索　引　187

第 1 章

動詞と動詞周辺の
不思議

1 100%の可能性をあらわす may とは？

may は通例「～かもしれない」と，ほぼ50％の可能性をあらわすと習います。

①It may rain tomorrow.（明日は雨が降るかもね）

may の基本的なイメージは，「～することを妨げるものはない」というものです。上の例文①は，「雨が降ることを妨げるものはない」という基本のイメージから，雨が降る可能性が半々であること，つまり「雨が降るかもしれない」という意味になるのです。

ところが，不思議なことに，助動詞 may を用いた文中に，ある単語を入れてあげると，化学変化のように，may が100％の可能性を意味する助動詞に変わってしまいます。その単語とは but です。

②He may be a teacher, but he is dumb.
　（彼は先生かもしれないが，愚鈍である）

例文②では助動詞 may が使われており，日本語でも「～かもしれない」と訳していますが，he（彼）が teacher（先生）であることは，50％の可能性などではなく，100％現実に成立していること，言いかえれば事実です。なぜ may がこのような意味で使われるのでしょうか。それは，may の基本的なイメージ

である「〜することを妨げるものはない」から,「彼が先生であることを妨げるものはない」,つまり,「彼が先生であることは認めるが,しかし (but) ...」のように,〈may 〜 but ...〉「〜かもしれないが,しかし...」が一種の譲歩の表現になっているからです。もちろん譲歩とは,「A だけれども B」というように,A であると認めた上で,A とは別の事柄 B を主張するときに使われる表現です。一般に「A だけれども B」という譲歩の構文では,話し手や書き手の主張は B であらわされ,〈may 〜 but ...〉では but のあとの "..." がそれに当たります。したがって,英文のパラグラフリーディングなどでは,譲歩の構文に着目することが,パラグラフの趣旨をつかむ有効な方法となるのです。

2 must イコール have to ではないの？

must と have to は，どちらも，あとに動詞の原形を置いて，「～しなければならない」という意味をあらわします。

must と have to の意味
〈must＋動詞の原形〉　「～しなければならない」
〈have to＋動詞の原形〉「～しなければならない」

それでは，must と have to は全く同じ意味をあらわすのでしょうか？

もし本当に must と have to の意味が同じであるのなら，must と have to それぞれの否定形も同じ意味をあらわすはずです。しかし，皆さんもご存じのように，〈must not ～〉と〈don't have to ～〉はイコールではありません。〈must not ～〉は「～してはいけない」という意味で，禁止の命令文〈do not ～〉と同じであるのに対し，〈don't have to ～〉は「～する必要がない」という意味で，〈need not ～〉と同じです。このように must と have to それぞれの否定形が別々の意味をあらわすということから，そもそも must と have to はイコールではないことがわかります。

must と have to それぞれの意味

肯　　定	否　　定
must ＋動詞の原形「～しなければならない」 　　　　　意味：命令	must not ＋動詞の原形「～してはいけない」 ＝ do not ＋動詞の原形 　　　　　意味：禁止
have to ＋動詞の原形「～しなければならない」 　　　　　意味：必要性	don't have to ＋動詞の原形「～する必要がない」 ＝ need not ＋動詞の原形 　　　　　意味：不必要
must ≠ have to　⇐　must not ≠ don't have to	

　must と have to の大きな違いは，must が助動詞であるのに対し，have to は動詞であるという点です。have to が動詞であるということは，have to を疑問形や否定形にする場合，一般動詞の疑問文や否定文と同じように do を使うということからもわかります。

　must と have to の品詞の違いは，must と have to の意味の違いと深く関わっています。助動詞には話し手の主観をあらわすはたらきがあります。助動詞 must があらわすのは，話し手が相手に与える「～しなければならない」という主観的な圧力であるということが重要です。must に対し動詞である have to は，動詞が事実をあらわす性質を持っているため，客観的な事実に基づいて「～しなければならない」という意味で使われます。

　must の否定形 must not が禁止の命令文〈do not ～〉と同じ

意味をあらわすのは，must が話し手の主観的な圧力をあらわすからです。must の主語が you「あなた」つまり聞き手である場合には，話し手の聞き手に対する主観的な圧力「あなたは〜しなければならない」をあらわし，これを意訳すると「〜しなさい」という命令になります。したがって，must の否定形 must not は禁止の命令「〜するな」をあらわすのです。

must は話し手の主観的な圧力をあらわし，特に主語が you（あなた）の場合には命令をあらわすということを見てきましたが，このことから，なぜ must には過去形がないのかということもわかってきます。

語源をたどれば，must はもともと過去形でした。must の語末には st が付いていますが，これは，動詞の過去形 lost（lose の過去形）などと同じように，過去形をあらわす st なのです。形の上で過去形である must を，さらに過去形にすることができないのは当然と言えるでしょう。しかし，must は意味の上でも過去形にすることはできないのです。

上で述べたように must は命令をあらわしますが，命令とは現在行うものであり，過去に対して命令はできません。したがって，過去の意味で must を使うことはできず，「〜しなければならなかった」は had to で表現します。未来をあらわす場合も同様で，未来に対して命令はできないので，「〜しなければならないだろう」は will have to で表現します。

次に，have to の意味を考えてみましょう。〈have to + 動詞の原形〉の「to + 動詞の原形」は不定詞であり，have to do は，to do「（これから）〜するべきことを」，have「（現在）持っている」ということを意味します。have to も「〜しなければならない」という意味をあらわすのですが，must のように話し手の主観

をあらわすのではなく，主語の立場や周囲の状況など外的な要因に基づいて，客観的に「～する必要がある」と判断する場合に使われます。したがって，否定形の don't have to は，「～する必要がない」という need not と同じ意味をあらわすことになります。

それでは，must と have to の用法を比べてみましょう。

① You must be back by 9 o'clock.

② You have to be back by 9 o'clock.

例文①と②は，日本語訳にすると，どちらも「あなたは9時までに戻って来なければならない」になります。しかし，①には，聞き手 you（あなた）に対する話し手の圧力的な命令の意味が込められているのに対し，②は，話し手の圧力ではなく，主語の you「あなた」が9時までに何らかの事情で帰る必要があるという，いわば客観的な事実の報告を意味しています。例文①と②の意味の違いは，それぞれのあとに「まあ，そんなことはばかげたことだと思うけど (Anyway, I think it's stupid.)」という表現を付け加えてみるとはっきりします。

次の③と④をご覧ください。

③ × You must be back by 9 o'clock. Anyway, I think it's stupid.

④ ○ You have to be back by 9 o'clock. Anyway, I think it's stupid.

must を使った③の例文では，話し手が must を使って聞き手に命令しているにもかかわらず，「そんなことはばかげたことだと思うけど」と言って，自分の命令を自分で否定するという矛盾した表現になってしまいます。一方，④の例文では，have to を使っているので，話し手の命令ではなく，外的な事情によって帰らなければならないということなので，そうした事情に対して話し手が「ばかげたことだと思うけど」と言っているということになり，矛盾なく意味が通ります。

　ところで，皆さんは，must には「～にちがいない」という推量の意味があることをご存じだと思います。must だけではなく，have to にも同じように「～にちがいない」という意味があります。

　義務や命令「～しなければならない」では，must は have to よりも強い度合いをあらわしますが，推量「～にちがいない」では，have to の方が must よりも強い度合いをあらわします。それは，must は助動詞であるために主観性が強い反面，推量「～にちがいない」の意味で使われる場合には，根拠や証拠となるものの客観性が軽視される傾向があるからです。それで，助動詞 must よりも，客観性をあらわす have to の方が，推量においては，度合いが強くなるのです。次の例文⑤に続く 2 通りの文，a と b の違いを比べてみてください。

⑤ I haven't seen Hanako yet but
　（花子をまだ見たことはないけれど）

- a. she must be beautiful because everyone on TV keeps saying how great she looks.
  （テレビでみんなが彼女のルックスが素晴らしいと言い続けているので，美しいにちがいない）

- b. she has to be beautiful because she is related to that great fashion model.
  （彼女はあの素晴らしいファッションモデルの親戚だから，美しいにちがいない）

　must を使った例文⑤a に比べて，have to を使った⑤b の方が，血縁関係という客観的な情報に基づいて，「彼女は美しいにちがいない」と判断をしています。このように，「～にちがいない」という意味で使われる have to は，must よりも強く，より信頼性の高い客観的な情報や根拠に基づいて使われる傾向があるのです。

3 must（〜にちがいない）と should（〜のはずだ）の違いがわからないのですが...

　助動詞 must と should にはどちらも話し手の推量をあらわすはたらきがあり，must は「〜にちがいない」という意味，should は「〜のはずだ」という意味であるとされています。

　この推量の must と should は，日本語訳を見ただけでは同じような感じで，違いがよくわかりません。よく言われることは，must は should よりも話し手の確信の度合いが高いということです。それは次の例文からもわかります。

① × Taro must be in his room, but he isn't.
　　（太郎は自分の部屋にいるにちがいないんだが，いない）

② ◯ Taro should be in his room, but he isn't.
　　（太郎は自分の部屋にいるはずなんだが，いない）

　must は should よりも話し手の確信の度合いが高いので，例文①のように，あとに逆接の接続詞 but を置いて，話し手の推論を打ち消してしまう内容の文を続けることはできません。

　話し手の確信の度合いが一番高い助動詞は must であると一般に思われているようですが，他の助動詞でも must と同じくらい高い確信をあらわす場合があります。それは will です。must は通常，未来についての推量をあらわすことはできません。したがって，未来についての確信の度合いの高い推量をあらわすためには，must の代わりに will を使います。

③ × It must rain tomorrow.

④ ○ It will rain tomorrow.（明日は雨が降る）

 あまり知られていないことですが，通常，未来についての推量を must で表現することはありません。いかに話し手が強く確信していようとも，未来についての事柄は，いつでも打ち消される可能性があるからです。したがって，未来についての推量は，たとえ話し手が強く確信しているものであっても，例文④のように will を使って表現します。

 皆さんもご存じの通り，助動詞 will は未来の出来事をあらわし，「～だろう」，「～でしょう」と訳されることがほとんどです。しかし，例文④のような場合は，例えば天気予報などの客観的な情報に基づいて「明日は雨が降る（にちがいない）」と断言しているのです。このように，助動詞 will は，確かな情報に基づく100％に近い可能性を持つ未来の出来事でもあらわすことができます。

 must について述べてきましたが，should についても意外に知られていないことがあります。

⑤ × Let's not go shopping today, the department store should be crowded.
（今日は買い物に行かないでおこう。デパートは混んでいるはずだから）

 この文は，下線部を must にすれば可能ですが，should では奇妙な文になってしまいます。なぜなら，should を使って表現

されることは、通常、話し手にとって好ましい内容であるからです。例文⑤では、「デパートが混んでいる」ことは話し手にとって当然よいことではありません。したがって、この場合 should は使えないのです。

最後に、must と should の違いを、推論の方法における違いという側面から見ていきましょう。次の図をご覧ください。

推論の方法

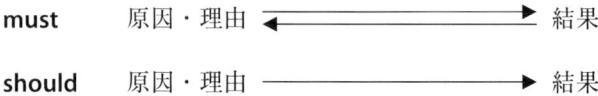

※矢印の向きは推論の方向をあらわす。

must は原因から結果を推論する場合と、結果から原因を推論する場合の両方において使うことができます。一方、should は原因から結果への推論において使うことはできますが、結果から原因への推論には使えません。

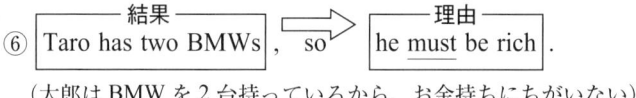

⑥ Taro has two BMWs, so he must be rich.
（太郎は BMW を 2 台持っているから、お金持ちにちがいない）

上の例文⑥は「A（太郎が BMW を 2 台持っているという結果）であるのは、B（太郎はお金持ちであるという理由）のためにちがいない」と、結果から理由を推測する形式になっています。したがって、下線部の must を should にすることはできま

せん。

　また，must の方が should よりも話し手の確信が強いと最初に述べましたが，推論の強さについても同じことが言えます。それは must は話し手の直接的な情報をよりどころにするからです。

⑦ Taro must be generous.（太郎は気前のよい性格にちがいない）

⑧ Taro should be generous.（太郎は気前のよい性格のはずだ）

　例文⑦は，例えば，たった今太郎にごちそうしてもらっているなど，現在の状況から話し手が「太郎は気前のよい性格だ」と判断して言うときに使われる表現です。一方，例文⑧は，例えば，太郎にごちそうになったという話を知り合いから間接的に聞き，そうした情報に基づいて，話し手が判断して言うときに使われる表現です。

4 Don't be silly!「ばかなことをするな!」は, be 動詞を否定するのになぜ don't を使うの?

　英語の否定文の作り方について, be 動詞 (am, is, are) なら, あとに not を付けて〈be 動詞 + not〉にし, 一般動詞なら, do not または does not を使って〈don't [doesn't] + 動詞の原形〉にすると習います。

否定文の作り方

be 動詞: 　　肯定文　　　　　　　否定文
　　　　　Taro is a liar. ⟹ Taro is not a liar.
　　　　　（太郎はうそつきだ）　（太郎はうそつきではない）

一般動詞: 　　肯定文　　　　　　　否定文
　　　　　Taro tells lies. ⟹ Taro does not tell lies.
　　　　　（太郎はうそをつく）　（太郎はうそをつかない）

　上の図で示したように, be 動詞を否定するときは be 動詞のあとに not を付けるのがルールでした。しかし,「〜するな」という禁止をあらわす命令文を作るときには, be 動詞の前に don't を置いて〈Don't be 〜〉としなければなりません。これは考えてみれば不思議なことです。
　実は, 助動詞 do は, 一般動詞を疑問文や否定文にするときにだけ活躍するのではありません。do は, 動詞の前に置いて, 文を強調するときにも活躍するのです。

①I do believe Taro!（私はとにかく太郎の言うことを信じます）

上の例文①では動詞 believe の直前に do が置かれています。この do は,「私は太郎を信じます」という文を強調しています。

この文を強調する do は, 命令文でも使われます。まず, 一般動詞を使った用法を, 例文によって具体的に見てみましょう。

②Do sit down.（どうか座ってください）

例文②の場合, do によって強調されているのは, sit down「座って」という命令文の内容です。実際に例文②が使われる状況は, 例えば, 相手が座るのをためらっている場合などに「どうか座ってください」と強くすすめるときなどです。

ところで, 文を強調する do は助動詞なので, あとに来る動詞をより好みしません。do のあとには一般動詞でも be 動詞でも置くことができます。次に, be 動詞を使った用法を見てみましょう。

③Do be silly!（とにかくばかになろうぜ）

例文③は, ハロウィンなどで仮装してドンチャン騒ぎをするときなどに使われる表現です。助動詞 do を使うことによって, be silly（ばかになれ）ということを強調しています。

ここまで来ればお気づきでしょう。禁止をあらわす否定の命令文〈Don't＋動詞の原形〉は, 強調された命令文〈Do＋動詞の原形〉の否定形から来た表現なのです。

④Don't be silly! (ばかなことをするな／言うな)

　禁止をあらわす否定の命令文「～するな」は，当然，強調して話されることが多い表現です。

　このように，一般動詞の前に Don't を置いて否定命令文を作ることが定着し，その歩調に合わせて，be 動詞の場合でも don't を be 動詞の前に置いて〈Don't be ～〉とする用法が広まったのです。否定命令文 (特に do に stress を置かない限り) は，すべて Don't ～とします。

　ちなみに，Be not silly! という表現は，古い文語体の中には存在します。

5 be going to が,なぜ「〜するつもりです」という意味になるの?

「be going to は『〜するつもりだ』という予定を意味します。さあ,覚えましょう!」と言われても,動詞 go の意味は「行く」なのですから,いったい be going to という表現のどこから予定の意味が出てくるのか全くわからず,戸惑われた経験はないでしょうか。

be going to は形の上では進行形で,もともと「(ある方向へ)向かっている途中である」という意味を持っています。次のように考えてみると,be going to がなぜ予定をあらわすのかということが納得できるのではないでしょうか。

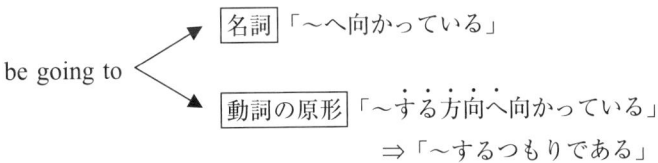

もともと be going to のあとには名詞が来て,「〜へ向かっている途中である」という意味をあらわしていました。前置詞 to は"方向"をあらわすからです。次の例文①がその用例です。

① I'm going to the supermarket right now.
　　　　　　　　名 詞
(私はちょうど今そのスーパーへ向かっているところです)

やがて，be going to のあとには動詞の原形も来るようになり，「～する方向へ進んでいる途中である」という意味をあらわすようになりました。

② I am going to see a movie .
　　　　　　　　　動詞の原形

（私は映画を見る方向へ向かっています ⇒ 私は映画を見るつもりです）

be going to は本来，例文①のような物理的な移動を意味する表現でしたが，それが，例文②のような抽象的な事柄の移動，つまり，ある事柄が未来に向かって現在進んでいるということを意味する表現へと変化して，「～するつもりである」という予定をあらわすようになったのです。一般に，言葉の意味が変化していく場合には，客観的で具体的な意味から，主観的で抽象的な意味へと変化していく（つまり内容語である名詞，動詞，形容詞などから，機能語である前置詞，接続詞，冠詞，助動詞に変化していく）傾向にあります。今回の be going to は，動詞から（準）助動詞に変化しています。これを「文法化 (grammaticalization)」と言います。余談ですが，「文法化」の「文法」とは，一般に使われている時制や仮定法といった項目を扱った「英文法」の「文法」という意味ではなく，言葉の意味が時代とともに変化するという現象を指しています。

私たちが使っている日本語にも「文法化」の現象は見られます。例えば，「見る」という動詞が変化してできた表現に，補助動詞「～してみる」や，接続助詞「～みれば」がありますが，これらの表現には，「見る」という具体的な身体の動作の意味はなくなっています。

6 時や条件をあらわす副詞節は、なぜ未来のことなのに現在形なの？

　未来のことをあらわす場合には，通常，助動詞 will を使うと学びます。しかし，そのあとすぐに，「時をあらわす副詞節 (when「〜するとき」で始まる節など) や条件をあらわす副詞節 (if「もし〜なら」で始まる節など) の中では，たとえ未来のことであっても will を使わず，現在形を使いますよ」と言われたら，「なぜ？」と思ってしまうのではないでしょうか。その理由を探るために，まず「時や条件をあらわす副詞節の中で現在形が使われる」というのは，具体的にどのような場合なのかを考えていくことにしましょう。

　未来のことであっても現在形を使う場合
　(1) 時や条件をあらわす節の中であること
　(2) その節が副詞節であること

最初に，間違えやすい例から見ていきましょう。未来のことを言う場合でも現在形を使うのは，時や条件をあらわす節の中だけであることに注意しなければなりません。

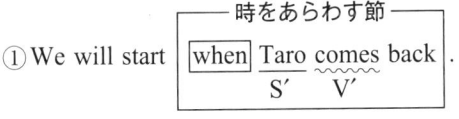

①We will start when Taro comes back．
　　　　　　　　　　　S´　　V´

（太郎が帰って来たら，私たちは出発します）

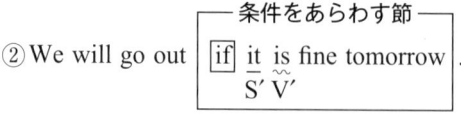

② We will go out if it is fine tomorrow.

（明日晴れたら，私たちは出かけるつもりです）

　例文①と②はいずれも未来のことを述べた文ですが，①では時をあらわす when 節，例文②では条件をあらわす if 節の中の動詞が，それぞれ現在形となっています。

　しかし，同じ副詞節であっても，時や条件以外の節の中では，未来のことを述べるためには，現在形ではなく，通常どおり〈will＋動詞の原形〉にしなければなりません。

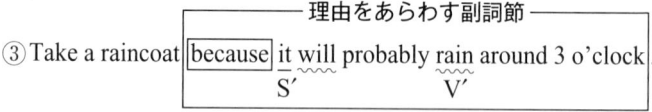

③ Take a raincoat because it will probably rain around 3 o'clock.

（たぶん3時頃雨が降るから，レインコートを持って行きなさい）

　例文③では理由をあらわす because 節の中で will が使われています。このように，時や条件以外の節の中では，未来のことを述べる場合には通常どおり will を使わなければならないのはなぜなのでしょうか。その理由を，例文③と例文①を比べながら考えていきましょう。次の図をご覧ください。

(1) 時や条件以外の節の場合（例文③ because 節の場合）

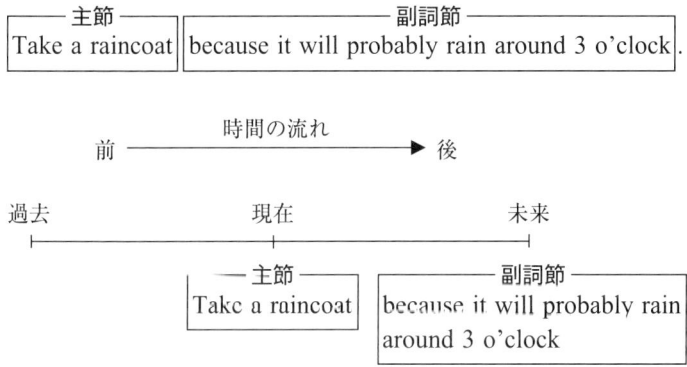

(2) 時や条件をあらわす節の場合（例文① when 節の場合）

　上の (1), (2) それぞれにおける，主節と副詞節の時間の前後関係に着目してください。上の図を見ればわかるように，because を使った文の場合には，副詞節（because 節）が，主節よりも時間的にあと（未来）の出来事をあらわすのに対し，

whenを使った文の場合には、副詞節（when節）が、主節よりも時間的に前（現在により近い未来）の出来事をあらわしています。

　以上のことを簡単にまとめると、次のようになります。副詞節は副詞のはたらきをする節のことです。副詞とはもともと動詞の補佐役です（英語で副詞のことをadverb「動詞にくっついているもの」と言います）。

　whenを使った文の場合、主役である主節の動詞が、助動詞willを使うことによって、副詞節（when節）よりもあとの未来の出来事について述べていることが示されています。そのため、従属している副詞節までもが、未来の出来事を述べているのだと示す必要がなくなるのです。あえて副詞節に自己主張させると面倒なだけでなく、くどい表現になってしまうからです。このように、言わなくてもわかるものは省略して簡略化しようとする性質が、言語にはあります。これを言語の経済性の法則（principle of economy）と言います。

　一方、becauseを使った文の場合、主節が現在の出来事を述べ、副詞節（because節）が未来の出来事を述べているので、副詞節の中で未来の出来事を述べているのだと主張する必要が出てきます。そのため、because節の中ではwillが使われるのです。

| 発展 | 時や条件をあらわす副詞節の中なのにwillを使う場合ってどんなとき？ |

　勘のするどい読者の方なら、もうすでにお気づきだと思いま

すが,「それなら, 時や条件の節の場合でも, 主節で現在のことを言い, 副詞節 (時や条件の節) で未来のことを言っている文なら, 副詞節 (時や条件の節) の中でも will を使うことができるのでは?」という疑問が出てくると思います。その通りです。主節で現在の出来事を述べ, 副詞節 (when 節や if 節) で未来の出来事を述べる文であれば, 時や条件をあらわす副詞節 (if 節) の中であっても, will を使うことはできるのです。

```
       ———— 主節 ————         ———— 副詞節 ————
④ We might as well cancel the game now  if it will rain tomorrow .
```

```
                  時間の流れ
         前 ——————————→ 後

過去              現在              未来
 ├────────────────┼────────────────┤
                ┌─ 主節 ─┐  ┌─ 副詞節 ─┐
                │We might as well│  │if it will rain tomorrow│
                │cancel the game now│  │                │
```

(明日雨になるというのなら, 今試合を中止した方がいい)

例文④のように, 主節よりも副詞節の方が時間的にあとの出来事である場合には, 時や条件をあらわす節の中でも will を使うことができます。

7 〈will have＋過去分詞〉が過去のことをあらわすことがあるって本当？

　〈will have＋過去分詞〉という形は，現在完了や過去完了といった他の完了形と一緒に学習されることが多いため，〈will have＋過去分詞〉と言えば未来完了であり，現在完了や過去完了と同じ種類の用法であると理解されていることが多いようです。

① I will have finished my homework by tomorrow.
　（明日までには宿題を終えているだろう）

　確かに，上の例文①は未来完了形の完了用法の一つです。しかし，形だけを見て，未来完了であると判断することは危険です。そもそも助動詞の will は話し手の推量をあらわすものであって，その推量の内容は必ずしも未来の事柄であるとは限りません。助動詞 will は，話し手が現在の時点に立って様々な事柄に対して推量をする場合に使われます。しかし，話し手が推量する内容は，未来はもちろん現在や過去のことであってもかまわないのです。次の例文では，〈will have＋過去分詞〉が使われていますが，これは未来ではなく，現在の事柄を推量する用法です。

② Taro will have arrived home by now.
　（太郎は今頃家に着いているだろう）

例文②の〈will have + 過去分詞〉の用法を説明すると、現在完了形の have arrived home（家に着いた）ということに対して、話し手が助動詞 will を使うことによって、話をしている現在の時点で推量を行っているということをあらわしています。端的に言えば、現在完了形（have + 過去分詞）であらわされる内容について、話し手が現在の時点で推量しているということなので、例文②の〈will have + 過去分詞〉は、意味の上ではむしろ現在完了に近いと言えます。

〈will have + 過去分詞〉が必ずしも未来の出来事をあらわすのではないということは、already（すでに）という副詞と一緒に使えることでも明らかです。already は、通常、現在完了の完了用法で使われる副詞です。

③ The dinosaur will have already been described in the scientific monographs or papers.

「すでに」という副詞

（その恐竜はすでに科学専門書や論文で説明されているだろう）

また、〈will have + 過去分詞〉という形は、過去の内容について推量する場合にも使われます。

④ The dinosaur will have been up to 25m long.
　　（その恐竜は体長 25 メートルはあったであろう）

もちろん、通常は、過去の内容をあらわすには過去形を使いますが、それに話し手の推量を加えると、助動詞 will を使う必要が出てきます。また、助動詞 will のあとには動詞の原形が来

なければならないので，過去形をそのまま使うことはできず，過去形の代わりに過去の内容もあらわすことができる完了形 (have + 過去分詞) の力を借りて〈will have + 過去分詞〉にするのです。

　このように，〈will have + 過去分詞〉という形を未来完了という一つの枠におさめようとするのは，実は危険なことなのです。この形を見たら，あくまでも文脈から意味を正確に判断するようにしましょう。

8 受身の by の位置がわからないのですが...

　英語の文を，能動態（～する）から受動態（～される）へと書きかえる方法は，おおまかに言って，V（動詞）を〈be＋過去分詞〉の形にし，能動態の文でO（目的語）であった語を受動態の文のS（主語）とし，能動態の文でS（主語）であった語を受動態の文の行為者をあらわす〈by＋名詞〉「～によって」にするというものです。これを図で示すと次のようになります。

能動態から受動態への書きかえ

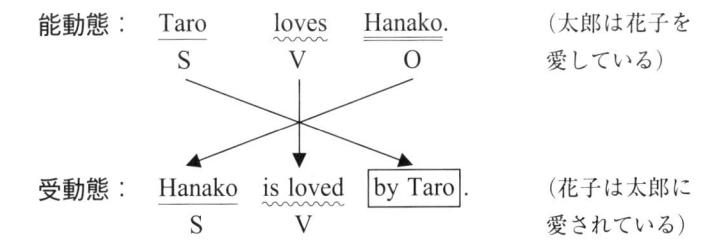

能動態： Taro　loves　Hanako.　　　（太郎は花子を
　　　　　S　　　V　　　O　　　　　　愛している）

受動態： Hanako　is loved　by Taro.　（花子は太郎に
　　　　　S　　　　V　　　　　　　　　愛されている）

　S（主語），V（動詞），O（目的語）だけの文なら，上に示した方法で簡単に能動態から受動態へと書きかえられるのですが，副詞などの修飾語が加わると，受動態にしたときに〈by＋名詞〉をどこへ置けばよいかがわかりにくくなる場合があります。例えば，次の能動態の文を受動態に書きかえた場合，①と②の2通りの文が考えられます。

能動態： My father told me to study harder.
（父は私にもっと勉強するように言った）

受動態： ①I was told to study harder |by my father|.

②I was told |by my father| to study harder.
（私は父にもっと勉強するように言われた）

　受動態の文①と②は，どちらも文法的には正しい文です。ただし，①にすると，前置詞 by が，beside（〜のそばに），near（〜の近くに），next to（〜のとなりに）などとほぼ同じ意味の，場所をあらわす前置詞であると解釈される可能性も出てきます。なぜなら，場所をあらわす副詞は，長い文では後ろの方に置かれることが多く，後ろに置けば置くほど，修飾するパターンが増し，その分解釈も多様になるからです。

　〈by + 名詞〉が行為者をあらわす「〜によって」という意味であることをはっきりさせるためには，②の方がよいでしょう。それは，〈by + 名詞〉が行為をあらわす動詞の近くに置かれることによって，行為者をあらわす前置詞 by であることがはっきりと認識され，また，修飾語（②では，by my father）と被修飾語（②では，was told）の距離が近いため解釈が限定されるからです。

9 This book is read by Taro. とは、なぜ言えないの？

　英語には受動態〈be＋過去分詞〉「～される」にできない文があります。例えば、次の例文①は、②のように受動態にすることはできません。

　①○ Hanako has many CDs.
　　　（花子はたくさんの CD を持っています）

　②× Many CDs are had by Hanako.
　　　（たくさんの CD は花子によって持たれている）

　おそらく、皆さんは、have が受動態で用いられている、上の②のような文をご覧になったことはないと思います。実は、受動態〈be＋過去分詞〉「～される」とは、主語がその行為をされることによって何らかの影響を受けるときに使われる表現なのです。ですから、This book is read by Taro. のように、this book（この本）が Taro（太郎）に読まれることによって何ら影響を受けないような場合には、受動態は使えないのです。また、太郎だけが読むのではなく、不特定多数の読者が読むことが想定されることもその理由の一つです。
　しかし、同じ read（読む）という動詞を用いても、次の例文は可能です。

③ This book is read by many people in the world.
　（この本は世界中の人々に読まれています）

　例文③の状況では，本が世界中の人々に読まれることによって，その本の作者がノーベル文学賞の候補になったり，不朽の名著として文学全集に載せられたりするなど，様々な影響が生じると考えられます。そのため，同じ動詞 read を使っていても受動態にすることができるのです。

> **発展** 影響を受けているのに受動態が使えなかったり，影響を受けていないのに受動態を使える文があるのはなぜ？

　次の文は影響を受けているという考え方ができる場合があります。

④ × English was spoken by Taro.
　（英語は太郎によって話された）

　例えば，太郎が話した英語がすごく下手で，聴衆があんな下手な英語を話すなら，日本語で太郎は話せばよかったのにと思った場合などです。しかし，このように影響を受けていても，この英語が不自然と見なされる理由は，現実世界の事実と合わないからです。つまり，受動態にすることによって意味が変化し，この文があらわす意味が，英語は太郎にしか話されていない言語ということになってしまうからです。

⑤ ◯ Hanako is loved by Taro.
　　(花子は太郎によって愛されている)

　この例文の場合，もし両想いなら，花子が太郎に愛されていて，毎日幸せな生活を送っているなど，その行為によって花子の生活にも影響を及ぼしていると言えることにもなります。しかし，もし太郎の片想いであるとするのなら，ある意味において，花子は何の影響も受けていないことになります。ただし，この英文が文法的に可能な理由は，主語が話題化され，太郎が花子を愛しているという行為を花子が受けているとも解釈できるからです。

10 be known to 〜「〜に知られている」の to を by にしてはいけないの？

　一般的には，「〜に知られている」は〈be known to 〜〉であり，受動態であっても前置詞には by ではなく to を使わなければならないと習います。皆さんは次のような例文をご存じでしょう。

①Taro is known to everybody in this school.
　（太郎はこの学校のみんなに知られている）

まず，by を使う受動態の文を見てみましょう。

②This picture was painted by Picasso.
　（この絵はピカソによって描かれた）

　例文②のように受動態で by を使う場合，by のあとの名詞（例文②では Picasso）の自発的な行動によって何かがなされたということを意味します。
　ここで，改めて例文①を見てください。例文①において，everybody（みんな）が Taro（太郎）を知っているという事態は，everybody の自発的な行動によってなされることではありません。したがって，例文①では by を使えないのです。
　しかし，同じ「知る」ということであっても，自発的な行動によってなされることであれば，by を使える場合もあります。

③ The bank robber is known by the police.
　(その銀行強盗は警察に知られている)

　例文③では，事件の捜査などといった警察の自発的な行動によって，銀行強盗が「知られている」ので，by を用いた is known by という表現が可能になっているのです。

発展 受動態なのに，なぜ by 以外の前置詞が使えるの？

　〈be known to ～〉の他にも，by 以外の前置詞を使う受動態の表現があります。それらの表現の一つである〈be covered with ～〉「～に覆われている」において，前置詞 with が使われているのはなぜなのでしょうか。

④ The mountaintop was covered *with* snow.
　(山頂は雪とともにある状態であった → 山頂は雪で覆われていた)

　前置詞 with の基本的な意味は「～とともに」です。上の例文④は，山頂が「雪とともにある状態であった」という意味だと考えれば，なぜ前置詞 with を使うのかが理解できるでしょう。
　その他，〈be interested in ～〉「～に興味がある」の場合，人は興味や関心のある対象に「夢中になる」，「熱中する」というように，その対象に没頭し，中へ入り込むというイメージがあるため，前置詞 in が用いられます。
　そもそも，by 以外の前置詞を使う受動態の表現があるのは

なぜなのでしょうか。その理由は，by 以外の前置詞を使う受動態の表現においては，be のあとの過去分詞が，動詞ではなく形容詞としてとらえられていることにあります。英文法では一般に，受動態の be は助動詞として扱われています。by 以外の前置詞を使う受動態には「行為者によって自発的になされる行動」という意味がないため，〈be + 過去分詞〉は〈助動詞 + 動詞〉ではなく，むしろ〈be 動詞 + 形容詞〉としてとらえられています。そのため，〈be 動詞 + 形容詞〉の意味に応じて，with や in など，ふさわしい前置詞が使い分けられるのです。次の例文を見ると，by 以外の前置詞を使う受動態が〈be 動詞 + 形容詞〉としてとらえられていることがはっきりとわかります。

⑤ The returnee has become known to everyone in this school.
（その帰国子女はこの学校のみんなに知られるようになった）

例文⑤の過去分詞 known は，become（～になる）という動詞のあとに置かれていることからわかるように，形容詞として使われています。この場合，もちろん「行為者によって自発的になされる行動」を意味する前置詞 by を使うことはできません。

11 第3文型で to をとる動詞と for をとる動詞の区別はどのように覚えたらいいの？

学校ではよく，次のような第3文型と第4文型の書きかえ問題を練習します。

第4文型： S V O₁ O₂
⇕
第3文型： S V O₂ 前置詞 O₁
(to や for)

第4文型から第3文型にするとき，使われる前置詞が to であるのか，for であるのかによって，動詞が大きく次の2種類に分類されます。

give 型（前置詞 to をとる動詞）

give（与える），send（送る），teach（教える），hand（手渡す），offer（提供する）など

buy 型（前置詞 for をとる動詞）

buy（買う），cook（料理する），make（作る），find（見つける），save（取っておく）など

どれが give 型の動詞でどれが buy 型の動詞なのかを，一つ一つ暗記していくのは結構大変ですね。しかし，give 型動詞と buy 型動詞を見分けるルールを知っていれば，丸暗記の必要は

ありません。そのルールとは,「相手 (O_1) がいなければ行為ができない動詞なら give 型, 相手 (O_1) がいなくても 1 人で行為ができる動詞なら buy 型」というものです。例えば, teach (教える) の場合, 相手がいなければ「教える」とは言えず, それは独り言 (??) になってしまいますよね (笑)。その反対に, make (作る) は, 相手がいなくても 1 人で作ることは十分可能です。では, ここでもう少し詳しく見ていきましょう。

① × I gave a book. (私は本をあげた)

①の例文には O_1, つまり「誰に」という表現がありませんが, これは文法的に間違った文です。この例文に付けられている日本語訳にも注目してください。「あげる」という行為の相手を言わずに「私は本をあげた」とだけ言うのは, 日本語の文としても不自然な表現です。このように, give 型動詞の場合,「誰に」という相手をあらわす表現がなければ文法的に間違いとなります。一方, buy 型は give 型と違って,「誰に」という表現がなくても意味が通じます。次の例文②は文法的に正しい文です。

② 〇 I cooked dinner. (私は夕食を作った)

発展 前置詞 to と for の違いって何?

では, なぜ動詞の種類による前置詞 to と for の使い分けが起こるのでしょうか。それは前置詞 to と for の意味の違いによ

ります。次に挙げる2つの英文の違いを考えてみましょう。

③Taro went to the station.（太郎は駅へ行った）

④Taro went for the station.（太郎は駅へ向かって行った）

to を用いた例文③は，太郎が実際に駅へたどり着いたという「着点」を意味します。一方，for を用いた例文④は，太郎が駅へ向かったという「方向」を意味するだけなので，太郎が実際に駅に着いたかどうかは，この文だけからでは判断できません。例文③では，「太郎」がどんどん歩いて行った末に，ついに目的地である「駅」にたどり着いた，というように，「太郎」と「駅」との間には「密接なつながり」があります。このように，主語（例文③では「太郎」）と対象（例文③では「駅」）との「密接なつながり」を意味するのが，前置詞 to です。give 型動詞が第3文型で to をとるのは，give 型動詞では，主語と相手との間に，「相手がいなければ行為ができない」という「密接なつながり」があります。それは，to の基本イメージである「着点」に当たる行為を受ける相手が存在しないと行うことができない動詞だからです。これに対して，前置詞 for は，to のような主語と目的（あるいは相手）との「密接なつながり」を意味しません。したがって，buy 型動詞のように，相手がいなくても行為ができる動詞の場合には，for が使われるのです。

12 不定詞を目的語にする動詞と動名詞を目的語にする動詞の識別を教えて！

動詞（V）の目的語（O）として，不定詞（to＋動詞の原形）をとるのか，それとも，動名詞（〜ing）をとるのかは，動詞のあとに来る目的語の内容によって，ほぼ決まります。

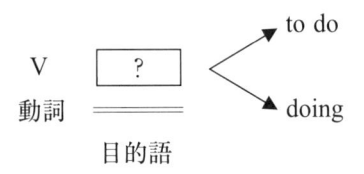

```
                    → to do
    V    │ ? │
    動詞  ═════      → doing
         目的語
```

不定詞を目的語にする動詞の代表は次の通りです。

不定詞を目的語にとる動詞

decide *to do*「〜することに決める」
expect *to do*「〜するつもりである」
promise *to do*「〜すると約束する」
refuse *to do*「〜することを断る」

不定詞を目的語にする動詞に共通するのは，目的語に当たる不定詞の部分が，「未来になされること」であるということです。不定詞をイメージであらわせば，1本の矢印であり，矢の指す方向は未来に向かっています。図で描くと次のようになります。

①He decided to go abroad.（彼は外国へ行くことに決めた）

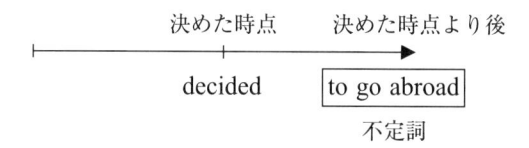

```
          決めた時点    決めた時点より後
├─────────┼──────────┼──────────────
          decided    │ to go abroad │
                     └──────────────┘
                          不定詞
```

　例文①では，「決めた (decided)」時点よりも，「外国へ行くこと (to go abroad)」は，これから先の出来事ということになります。
　一方，動名詞を目的語にする動詞の代表は次の通りです。

動名詞を目的語にとる動詞

　　stop *doing*「〜するのをやめる」
　　enjoy *doing*「〜するのを楽しんでいる」
　　mind *doing*「〜するのをいやだと思う」
　　avoid *doing*「〜するのを避ける」

　動名詞を目的語にする動詞に共通するのは，目的語に当たる動名詞の部分が，「過去から行為が実行されるまでの間に，すでに行われている，あるいは行うことが決まっていること」であり，わかりやすく言えば「事実である」ということです。

②I stopped smoking.（私はタバコを吸うのをやめた）

```
やめた時点よりも前    やめた時点
  |―――――――――|―――――――――――――→
                stopped
        ←― smoking ―→
```

　例文②では，「やめた (stopped)」時点よりも，「タバコを吸っていた (smoking)」ことは，前の出来事だということになります。
　このように，動名詞を目的語とする動詞のあとに来るのは「過去から行為を実行するまでの間の出来事」なのだと説明すると，わかりにくそうに見えるのが avoid（〜するのを避ける）です。

③You should avoid meeting Hanako on the way because she is angry with you.
（途中で花子に会わない方がいいよ。彼女は君に対して腹を立てているから）

　例文③の avoid の目的語は，meeting Hanako（花子に会うこと）ですが，「花子に会うこと」とは，過去や現在ではなく，未来の出来事なのではないでしょうか。しかし，「花子に会うこと」は，現在の時点ですでに起こることが予想されている事実ですから，やはり，動名詞を使わなければなりません。つまり，「花子に会わないようにする (avoid meeting Hanako)」ということは，「花子に会わないように前もって対策などをしておく」ことだと考えられます。このように，avoid（〜するのを避ける）の目的語となるのは，現在の時点ですでに予想されている

事実なのだと考えると，avoid も，動名詞を目的語にとる他の動詞と同じルールに従っているのだいうことが理解しやすくなると思います。

発展 dislike は，なぜ動名詞しか目的語にとらないの？

以上のような識別方法の基本が理解できたなら，次のような疑問，つまり，like (好きである) が不定詞と動名詞のどちらも目的語にとれるのに対し，対義語の dislike (嫌いである) が一般に動名詞だけを目的語にとるのはどうしてなのかということの答えもわかってくると思います。

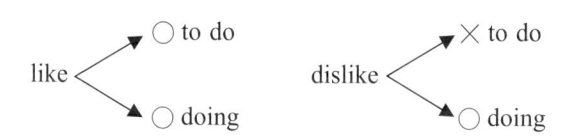

```
          ○ to do              ✕ to do
like <                dislike <
          ○ doing              ○ doing
```

like (好きである) は，あとに来るのが不定詞であれば「これからしようとしているのは好きなことだ」という意味，動名詞であれば「これまでにしてきたことが好きである」という意味になり，ニュアンスに違いが出てきます。例えば，〈want to do〉の丁寧な表現として知られている〈would like to do〉の like の後ろには不定詞が来ます。

○ I would like to go to the movie tonight.
✕ I would like going to the movie tonight.
　（今夜は映画を見に行きたいのですが）

この理由は，目的語となる部分がこれからする内容であり，これまでしてきた内容ではないからです。しかし，次のようにこれまでの事実として一般化された状況においては，like の後ろに動名詞が来ることもあります。

④There are a lot of reasons why a girl would like going to the movie.
（女の子がその映画を見に行きたがっている理由は多くあります）

　一方，dislike（嫌いである）は，このような使い分けができません。というのも，あることが「嫌いである」というのは，これまでの経験の結果から嫌いになったと考えられますが，そうやって嫌いになった行為をこれから未来に行うということは考えにくいからです。

⑤I dislike being alone.（1人でいるのはイヤです）

　⑤の例文は，日本語ではわかりづらいのですが，「これから先1人でいるのはイヤ」という意味ではありません。動名詞のはたらきを正しくとらえるなら，例文⑤は「（今までの経験上）1人でいるのはイヤ」という解釈にするのが普通です。しかし，まれではありますが，don't like や don't want to（したくない）に近い意味で dislike が使われる場合には，不定詞を目的語にとることを容認するネイティブスピーカーもいるようです。
　あいさつでも，初対面のあいさつでは It's nice to meet you. と，別れのあいさつでは It's nice meeting you. と言うことからも，不定詞と動名詞の違いがわかりますね。

13 なぜ受身の動名詞を使った表現 This old watch needs being repaired. にはならないの？

　通常，need（〜が必要である）は，〈need + to do〉という不定詞（to + 動詞の原形）を使った形でよく見かけます。しかし，無生物が S（主語）の文は，〈need + doing〉という動名詞（〜ing）を使った形をとります。

　〈need + doing〉「〜することが必要である」という表現において，need のあとの動名詞が受身にならないことに疑問を持たれたことはないでしょうか。話をわかりやすくするために，次の例文①と②を並べてみました。

　①This old watch was broken.　（この古い時計は壊された）
　　　　S　　　　　V

　②This old watch needs repairing.　（この古い時計は修理［をすること］が必要である）
　　　　S　　　　　V　　O

　例文①は，受身〈be + 過去分詞〉「〜される」を使った文です。This old watch（この古い時計）は，人ではなくて物，つまり無生物ですから，「この古い時計」という無生物を主語にした場合，「（誰かによって）壊される」というように，動詞を受身にするのが適切です。

　一方，例文②では，〈need + doing〉「〜することが必要である」という表現が使われています。例文②でも，やはり「この古い時計」という無生物が主語になっています。修理が必要なのは「この古い時計」ですが，「修理をする」という行為をする

のは，「時計」ではなく誰か人間であるにちがいありません。そこで，needs のあとには repairing（修理をすること）という能動の動名詞よりも，being repaired（修理をされること）という受身の動名詞を持って来る方が自然なのではないかと思えます。しかし，実は，動詞 need のあとに受身の動名詞〈being＋過去分詞〉「～されること」を置くことは，文法的に間違いなのです。

③× <u>This old watch</u> <u>needs</u> being repaired.
　　　　　S　　　　　 V　　　⇑
need のあとに〈being＋過去分詞〉を置くのは文法的に間違い

一般に，〈need＋doing〉「～することが必要である」において，need のあとに来る動名詞は受身の形〈being＋過去分詞〉「～されること」にしてはならないというルールがあります。このルールは，〈need＋doing〉だけでなく，〈want＋doing〉「～することを必要とする」にもあてはまります。

それではなぜ，動詞 need や want の場合に限って，あとに受身の動名詞〈being＋過去分詞〉を持って来てはならないのでしょうか。皆さんは教室で，次のような説明を聞いたことがあるかもしれません。動名詞は，不定詞（正確には，「不定詞の名詞的用法」）とはちがって名詞の性質が強いので，わざわざ受身にする必要がないからだ，というものです。この説明を例文②にあてはめてみると，動名詞 repairing は「修理すること」というよりも，「修理」という名詞に近い意味を持っています。したがって，わざわざ受身を使って needs *being repaired*「<u>修理されること</u>が必要である」としなくても，needs *repairing*「<u>修理</u>が必

要である」だけで意味が通じるのだ，ということです．実際，教室ではこの説明は一種の方便として使われることも少なくないようです．

しかし，この便利な説明にも欠点があります．第一に，「動名詞は名詞の性質を強く持っている」という考え方を徹底すれば，極端に言うと動名詞は名詞と同じわけですから，能動か受動かという区別自体が必要ないという考え方も成り立ってしまいます．しかし，もちろん動名詞には能動と受動との区別があり，受身の動名詞は〈being＋過去分詞〉で表現されます．第二に，受身の動名詞〈being＋過去分詞〉がある以上，want や need の場合にはどうして受身の動名詞を使ってはならないのか，という疑問がやはり出てきます．他の場合には受身の動名詞が使えるのに，want や need ではどうして使えないのかという理由を明らかにしなければ，説明したことにならないでしょう．

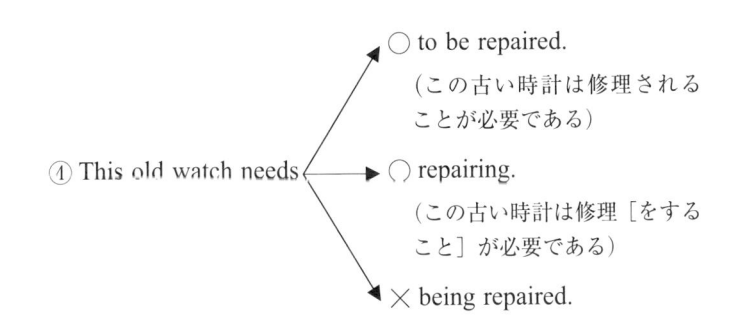

① This old watch needs
- ○ to be repaired.
  （この古い時計は修理されることが必要である）
- ○ repairing.
  （この古い時計は修理［をすること］が必要である）
- × being repaired.

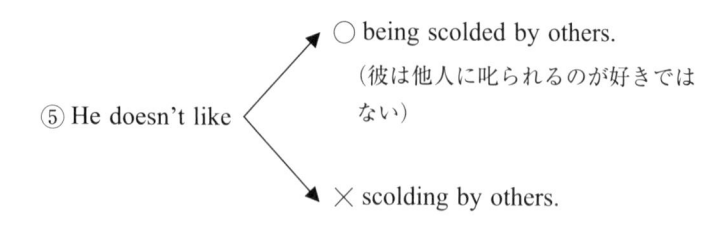

⑤ He doesn't like ┬─→ ○ being scolded by others.
　　　　　　　　　│　　（彼は他人に叱られるのが好きではない）
　　　　　　　　　└─→ × scolding by others.

　それでは，なぜ〈S（無生物主語）+ need + 〜ing（動名詞）〉では受身の動名詞を使えないのか。その疑問を解くカギは，S（主語）が無生物であるということにあります。

　例文②の場合，主語は This old watch「この古い時計」という無生物です。修理が必要なのは主語の「この古い時計」ですが，「修理をする」という行為をするのは，無生物である「この古い時計」ではなく「誰か」です。そして，実は，動名詞 repairing の前に，修理を行う「誰か」をあらわす言葉，つまり，動名詞 repairing の意味上の主語が省略されているのです。例文②の構造は次の⑥のようになっています。

⑥ <u>This old watch</u>　needs　[　]　repairing.
　　　　S　　　　　　　V　　S′　　V′
　　　　　　　　　　　　　　⇑　　⇑
　　　　　　　　　　　意味上の主語　動名詞

　例文⑥において，動名詞 repairing の意味上の主語が省略されるのは，時計を修理するのは誰か不特定の人物であって，特定の人物ではないからです。

　日本語でも「この古い時計は修理する必要がある」と，「この古い時計は修理される必要がある」の2つの文を比べてみて

も，後者の受身を使った表現には少し違和感を覚えると思いますが，英語でも同じなのです。ちなみに④の例文で不定詞の受身が使える理由は，不定詞の意味上の主語が主文と一致しているため，省略されていると考えることができるからです。

14 It is surprising that のあとに，なぜ現在形が来るの？

　要求や提案など，相手に対して何らかの圧力を与える動詞（demand「要求する」，suggest「提案する」など）のあとに来る that 節の中の動詞は，アメリカ英語では〈動詞の原形〉にし，イギリス英語では〈should＋動詞の原形〉の形にします。具体的に次の例文を見てみましょう。

①Taro demanded
　S　　　V

that the baby (should) be named after his favorite actor．
　　　　　　　　　　　　　　O
――――――――― that 節 ―――――――――

（太郎は自分の大好きな俳優の名にちなんで赤ちゃんを名付けるようにしてくれと言った）

　上の例文①では，主節の動詞 demand が過去形（demanded）になっていますが，いわゆる時制の一致が行われる場合とはちがい，that 節の動詞 be を過去形（was）にすることはできません。主文の動詞 demand が過去形であっても，that 節の中の動詞は，アメリカ英語では原形の be（この動詞の原形を仮定法現在と言います），イギリス英語では should を付けた should be という形にします。

　このように，that 節内の動詞を〈動詞の原形〉か〈should＋動詞の原形〉にするのは，要求や提案をあらわす動詞のあとだけ

ではありません。形容詞 (essential「最も重要な」, necessary「必要な」など) のあとに来る that 節内の動詞も〈動詞の原形〉または〈should + 動詞の原形〉にします。

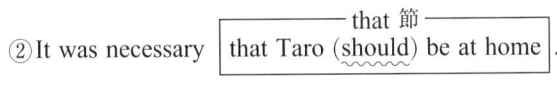

② It was necessary [that 節 that Taro (should) be at home].

(太郎は家にいる必要があった)

さて、今まで説明してきた that 節内の〈動詞の原形〉または〈should + 動詞の原形〉の用法と一見似ている用法があります。次の例文をご覧ください。

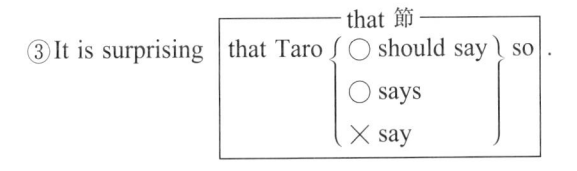

③ It is surprising [that 節 that Taro { ○ should say / ○ says / × say } so].

(太郎がそんなことを言うなんて驚きだ)

上の例文③では、that 節内の動詞に should を付けることはできますが、原形 (say) にすることはできません。また、should say の代わりに現在形 (says) にすることはできます。

それでは、なぜ例文③では、例文②のように動詞の原形を使うことができないのでしょうか。その理由は、that 節の内容「太郎がそんなことを言う」ということが事実として受け止められているからです。通例、英語では事実をあらわすときには現在形を使い、まだ事実になっていない未来の事柄や、事実かどうかが不確かな現在の事柄をあらわすときには原形を使います。

例文③では，話し手が「太郎がそんなことを言うこと」という事実に対して「驚きだ」という感情を表明しているので，原形ではなく現在形が使われます。

また，例文③の should は感情の should と呼ばれます。感情の should は，surprising「驚くべき」の他に，disappointing「期待はずれな」，natural「当然な」など，話し手の感情や判断をあらわす形容詞のあとの that 節内で使われます。

付け加えて言えば，感情や判断をあらわす形容詞のあとの that 節内で，現在形を使う場合と助動詞 should を使う場合とでは，文のニュアンスが違ってきます。現在形を使う場合には，「太郎がそんなことを言う・の・に・は (驚きだ)」というように，that 節の内容が客観的な事実であることのみをあらわすのに対し，should を使う場合には，「太郎がそんなことを言う・な・ん・て (驚きだ)」という話し手の主観的な感情が強くこもった表現となります。なぜなら，助動詞とは基本的に話し手の主観的態度をあらわすものだからです。

15 時制の一致がわからないのですが…

英語には時制の一致があるということを皆さんはご存じだと思います。

〔現在形〕　　〔現在形〕
① I　know　[Taro　studies　hard].
　S　　V　　　O（従属節［名詞節］）
（私は太郎が一生懸命に勉強していることを知っている）

〔過去形〕　　〔過去形〕
② I　knew　[Taro　studied　hard].
　S　　V　　　O（従属節［名詞節］）
（私は太郎が一生懸命に勉強しているということを知っていた）

例文①の know「知っている」の時制を過去形にしなければならないとしましょう。その場合，動詞 know を過去形 knew「知っていた」に変えるだけでなく，従属節（①の場合は know の O［目的語］である名詞節）の時制も過去形にしなければなりません。つまり，know のあとに置かれている従属節 Taro studies hard「太郎が一生懸命に勉強している」の動詞 studies を過去形に変えて，Taro *studied* hard と書きかえなければならないのです。このようにして例文①を書きかえたものが例文②です。例文②のように，主節の動詞 know だけでなく，従属節の動詞 studies の時制も書きかえるという現象を時制の一致

と言います。

　一般に，時制の一致とは「主節が過去形の場合は，従属節もそれに合わせて過去形にすること」であると理解されることが多いようですが，実はここに落とし穴があります。

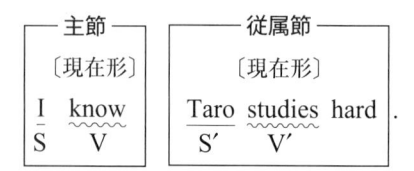

| 時制の一致 | ＝ | 主節（過去形）→ 従属節（過去形） | ？ |

```
┌─ 主節 ──┐  ┌── 従属節 ─────┐
│ 〔現在形〕│  │ 〔現在形〕        │
│  I  know │  │ Taro studies hard │ .
│  S   V   │  │  S'    V'         │
└──────────┘  └───────────────────┘
```
（私は太郎が一生懸命に勉強しているということを知っている）

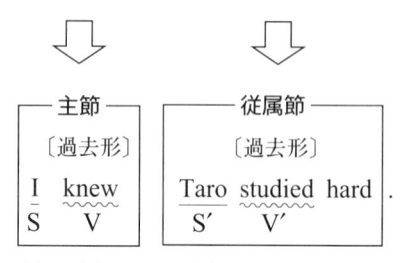

⇩　　　　⇩

```
┌─ 主節 ──┐  ┌── 従属節 ─────┐
│ 〔過去形〕│  │ 〔過去形〕        │
│  I  knew │  │ Taro studied hard │ .
│  S   V   │  │  S'    V'         │
└──────────┘  └───────────────────┘
```
（私は太郎が一生懸命に勉強しているということを知っていた）

　上の図で示したように，「時制の一致＝主節（過去形）→ 従属節（過去形）」と考えることは一見合理的です。しかし，この図式にあてはまらない場合があるのです。例えば，時制の一致には，主節が過去形，従属節が過去完了形（had＋過去分詞）になる場合もありますが，これは，「時制の一致＝主節（過去形）→ 従属節（過去形）」のパターンには，あてはまりません。

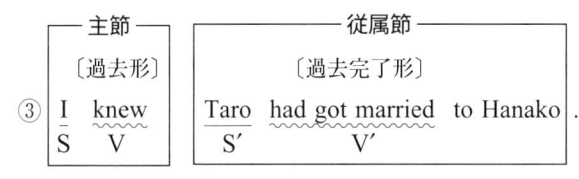

```
─ 主節 ─          ─── 従属節 ───
〔過去形〕         〔過去完了形〕
③ I   knew    Taro had got married to Hanako .
  S    V       S′         V′
```

(私は太郎が花子と結婚していたことを知っていた)

　例文③も時制の一致の一例ですが,「時制の一致＝主節（過去形）→従属節（過去形）」のパターンで理解することはできません。

　それでは,時制の一致とはそもそも何なのでしょうか。実は,時制の一致は皆さんが思っておられるほど難しいものではありません。

　ひとことで言えば,時制の一致とは「動詞の時制」を動詞があらわしている「実際の時間」に一致させるということです。つまり,文中の動詞が現在のことをあらわすなら,その動詞を現在形に,過去のことをあらわすなら過去形に,過去よりさらに前のことをあらわすなら過去完了形に一致させるということなのです。

　意外にも,海外の英文法書には時制の一致のことが書かれていない場合が少なくありません。おそらく,時制の一致は,日本の学習者が特につまずきやすい事項の一つなのでしょう。日本語話者が時制の一致を苦手とする理由は,日本語には英語の時制の一致に当たるような動詞の時制の変化はなく,過去のことでも現在形であらわすからであると考えられます。次の英文と日本語訳を比べてみると,英語と日本語のズレがよくわかると思います。

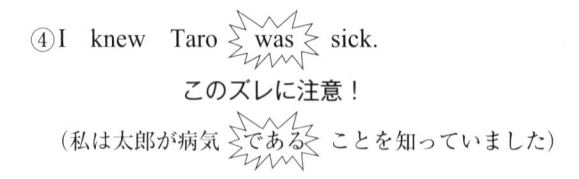

④ I knew Taro *was* sick.
　　　このズレに注意!
（私は太郎が病気である ことを知っていました）

　上の例文④では，日本語では現在形で「太郎が病気である」となっていますが，太郎が病気であったのは実際には過去のことです。一方，英語の Taro *was* sick の時制は，この実際の時間に合わせて過去形になっています。このような英語と日本語のズレに惑わされないように気を付ければ，時制の一致は非常に簡単なルールに従っていることがわかってきます。

時制の一致のルール

　動詞があらわしている実際の時間の範囲に動詞の時制を合わせる

```
┌主節──┐ ┌─従属節───┐
│I know│ │Taro is sick│.
└────┘ └──────┘
```
（私は太郎が病気であることを知っています）

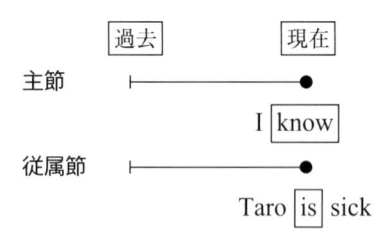

```
        過去      現在
主節   ├──────●
                I know
従属節 ├──────●
              Taro is sick
```

```
 ┌─主節─┐ ┌──従属節──┐
 │I know│ │Taro was sick│.
 └──────┘ └─────────────┘
```
(私は太郎が病気であったことを知っています)

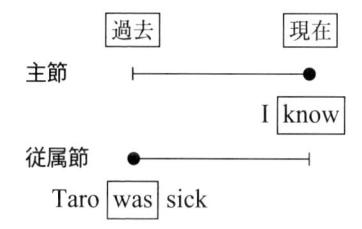

```
            過去        現在
主節    ├─────────────●
                    I know

従属節  ●─────────────┤
       Taro was sick
```

```
 ┌─主節─┐ ┌────従属節────┐
 │I knew│ │Taro had been sick│.
 └──────┘ └──────────────────┘
```
(私は太郎が病気であったことを知っていました)

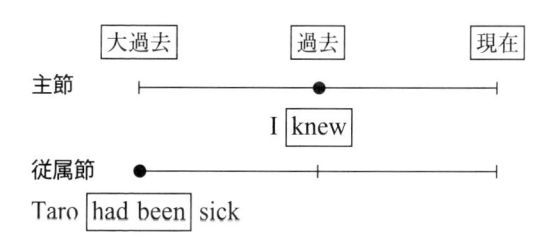

```
         大過去      過去        現在
主節    ├───────────●───────────┤
                  I knew

従属節  ●───────────┼───────────┤
       Taro had been sick
```

　このように時制の一致を考えれば，例えば，歴史的事実や不変の真理は「時制の一致の例外」であるという特別な規則なども覚える必要がなくなります。実は，歴史的事実や不変の真理は「時制の一致の例外」ではなく，同じルールに従っているからです。

⑤Our teacher told us that the earth goes around the sun.
(先生は私たちに地球は太陽の周りをまわっているということを教えてくれた)

　もちろん、地球は太陽の周りを現在もまわっています。ですから、時制の一致のルールによれば、現在のことは現在時制であらわさなければならない、とシンプルに考えるだけで、例文⑤は理解できます。

　時制の一致において難しいことがあるとすれば、ネイティブスピーカーでも、これまで述べてきたような時制の一致のルールを必ずしも厳密に守っているわけではないということです。なぜなら、ネイティブスピーカーも人間である以上、例えばそのときの感情などによって、ルール通りの表現をしないことがあるからです。

⑥Hanako said she loved me.
(花子は僕のことを愛しているって言ったんだ)

　上の例文⑥では、従属節が she loved me と過去形になっています。したがって、時制の一致のルールを厳密にあてはめれば、花子が僕のことを愛していたのは過去のことであって、現在はそうではないという解釈もできてしまいます。しかし、例文⑥の話し手が言いたいのは、おそらく「過去に花子に告白されて、現在も花子に愛されているんだ」ということでしょう。

⑦Hanako said she loves me.

時制の一致のルールを厳密にあてはめるなら,例文⑦のように表現しなければならないはずです。なぜなら,花子が僕を愛しているのは現在のことだからです。しかし,she loved me という過去形を使った例文⑥の話し手は,花子の告白を思い出しているうちに,ついつい過去(花子に告白された時点)の世界に浸ってしまった結果,⑥のような表現を口にしたのだと考えられます。

16 使役動詞で使われる get だけ,なぜ get A to do と,to が必要なの?

　使役動詞 make, have, let は,どれも「〜させる」と訳されるため,その違いがいまいちわからないときがあります。最初に,それぞれの意味の違いを見ていきましょう。

make A do「A に(強制的に)〜させる」

①I made Taro go to the supermaket.
　(私は太郎をスーパーに行かせた)

　make の基本イメージは「作り上げる」というものです。つまり,作るものに対して何らかの"力"を加える,というイメージです。そこから,make が使役動詞になっても,その"力"が影響し,「(強制的に)〜させる」という意味になったのです。①の例文では,行きたがらない太郎を強制的に(無理やり)行かせた感じがし,結果に焦点が置かれます。

have A do「A に(ある状況に)〜させる」

②I had Taro go to the supermarket.
　(私は太郎にスーパーへ行かせた)

　have の基本イメージは「持つ」つまり"所有"です。したがって,have が使役動詞になった場合,「A が〜する状況(を主

語が持つよう)にさせる」という意味として使われます。当然,"所有"には利害が関係しますから,主語が何らかの利益を得るという事態も考えられます。make のように,そこには強制的なニュアンスは存在しません。例えば,使役する方とされる方,双方の合意によって行動が実行される場合などに have は使われ,しかもその行動が実行された現在に焦点が置かれます。先ほどの②の例文では,太郎に夕飯のためのおつかいをさせたのだけれども,そのごほうびに太郎が好きなお菓子を1つだけ買ってもいいよ,などの合意があったと想定されます。

let A do「A に (したいように) 〜させる」

let はビートルズの名曲 "Let It Be" (あるがままに) のように,自然の成り行きや,相手の好きなようにさせてあげるという意味です。

③I let Taro go shopping.(私は太郎を買い物に行かせた)

③の例文では,Taro が買い物に行きたがっているのを主語が許し,太郎のしたいようにさせたという意味になります。

get A to do「A に (困難を要して) 〜させる」

さて,いよいよ問題の get について考えていきましょう。get は,アニメのポケットモンスターによく出てくる名セリフ「ポケモン,ゲットだぜ!」にあるように,その状況を得る (get する) のに困難を要するときに使われます。それでは,使役動詞として使われる get が,なぜ他の使役動詞とは違って A to do

という形になるかをご説明しましょう。

　前置詞 to はもともと「着点」に向かう方向を意味していました。やがて、「着点」に向かう方向が、時における未来を指すようになり、未来の意味を持つようになりました。A に何かをさせる場合、A にさせる行動は、当然、未来のことです。A に何かをさせようとする人（主語）は、未来のことを A にさせるように、何らかの試みをします。この試みは、多くの場合、困難を要することも考えられるでしょう。このように、使役において、特に、未来に困難が生じることに焦点が置かれるために、get A to do が使われます。drive「～することを余儀なくさせる」や force「～することを強制する」、impel「～を駆り立ててさせる」などの動詞が、A to do という形で使われるのは、これと同じ理由によるものです。

　get A to do の to do は、未来に生じるであろう困難をあらわすものですが、そもそも、不定詞 to は未来をあらわすものでした。例えば、be going to や be to 不定詞構文のように、未来をあらわすのに不定詞を使いますよね。使役動詞の get は、他の使役動詞と違って、「A に～させること」という未来の困難な事柄に特に意識が置かれるため、不定詞 to が必要なのです。

④ I got Taro to go to the party with Hanako.
　（太郎に花子と一緒にパーティーに行かせた）

　④の例文では花子と一緒になんか行きたくないという太郎に対して、説得をして何とかパーティーに行かせたという場合などが考えられ、苦労に苦労を重ねて説得して何とか行かせたという過程が想定されます。

17 「英語で辞書って何と言いますか?」を What do you say "jisho" in English? と言えないのはなぜですか?

　日本語の「何」という訳語に引きずられて what をつい使ってしまいますが,ここでもう一度疑問詞 what について考えてみると答えが見えてくると思います。疑問詞 what は,主にわからない名詞について what (何)? と聞きます。

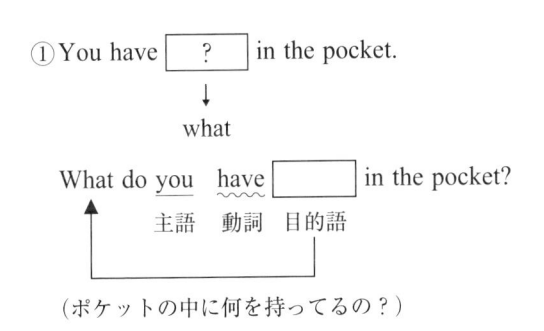

① You have ［ ? ］ in the pocket.
　　　　　　　↓
　　　　　　 what

What do you　have ［　　］ in the pocket?
　　主語　動詞　　目的語

(ポケットの中に何を持ってるの?)

　つまり,上の例文で考えると,わからない箇所が what にかわることで,本来 have のあとにあるはずの目的語がない状態になります。これは,目的語が what にかわり,文頭に移動したからです。(これを専門的には wh 移動と言います。)
　では,質問の英文について考えてみましょう。

② ✕ What do you　say　"jisho" in English?
　　　　　主語　動詞　目的語

(辞書を英語で何と言いますか)

目的語の場所には"辞書"が置かれています。what も目的語なので，say のあとに"辞書"という目的語を置くことはできません。なぜなら，say という動詞は目的語を 2 つ取ることができないからです。say は目的語を 2 つ取れないという理由から，上の英文は文法的には認められない文となってしまいます。「英語で辞書って何と言いますか」を英語で表現する場合，正しくは疑問詞 how を使います。

③ ○ How do <u>you</u>　<u>say</u>　"jisho" in English?
　　　　　主語　動詞　目的語

　疑問詞 how は，副詞のはたらき（疑問副詞と言います）をし，how（どのように？）と，形容詞や副詞があらわす「状態」や「方法」をたずねるときに使います。したがって，次のように考えるとわかりやすいでしょう。

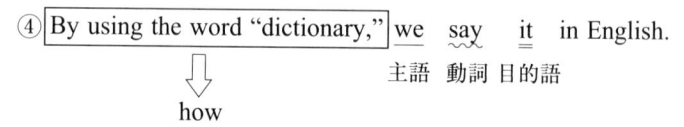

④ |By using the word "dictionary,"| <u>we</u>　<u>say</u>　<u>it</u>　in English.
　　　　　⇩　　　　　　　　　　　主語　動詞　目的語
　　　　　how

　（"dictionary" という言葉を使って，それを英語で言うんだよ）

　前置詞 by を使った by using the word "dictionary" は，副詞のはたらきをします。よって，日本語で「何と言うの」という訳語でも how を使うのです。しかし，「辞書を英語で何と呼ぶの？」は，同じ日本語である "何" を使っていますが，先ほどの例とは違って，疑問詞 what を使います。

⑤ What do you call "jisho" [   ] in English?
　　　　　　　主語　動詞　目的語　　補語

(矢印：補語の位置から文頭の What へ)

　これは，動詞である call が第 5 文型 SVOC で使われる場合には call のあとに 2 つの名詞，つまり，O（目的語）になる名詞と C（補語）になる名詞を置くことができるため，C（補語）になる 2 つ目の名詞が what にかわり，文頭に移動したと考えることができるからです。

第2章

英語の意味の不思議

1 each と every の違いは？

　形容詞 each（それぞれの）と形容詞 every（どの〜もみな）は，日本語訳してみると，似たりよったりの表現に見えます。しかし，each と every は互いに別の言葉であり，これら2つの形容詞の意味にはやはり違いがあります。豊かな英語の表現力を身に付けるためには，よく似た表現どうしのニュアンスの違いを意識して使い分けていく必要があります。each と every という2つの形容詞の違いは，どのように理解すればいいのでしょうか。

　まず，each と every の共通点を考えていくことにしましょう。

①Taro bought a box of chocolates
　　for $\begin{Bmatrix} \text{each} \\ \text{every} \end{Bmatrix}$ $\underline{\text{one}}$ of the girls.
　　　　　　　　単数名詞

　（太郎は女の子の1人1人にチョコレート1箱を買ってあげた）

　上の例文①では，each でも every でもあとに単数名詞 one が来ます。each と every に共通するのは，あとに単数名詞が来るということです。ここからわかるのは，each と every はともに，話し手の目線が，1つ（1人）1つ（1人）に，つまり，個々の物や人に向けられていることをあらわす語であるということです。

each と every の共通点

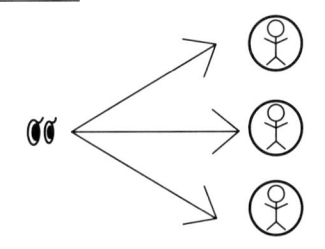

次に，each と every が異なる点を考えてみましょう。each と every が異なるのは，each には代名詞の用法があるのに対し，every には代名詞の用法がないということです。

② ○ Each ⎫ of us has our own dictionary.
　 × Every ⎭

　　（私たちはそれぞれ自分の辞書を持っています）

上の例文②のように，前置詞 of を使ってみると each と every の違いがわかりやすいと思います。of は「～のうち（中）の」という意味であり，全体をあらわします。したがって，each of ～は「～のうち（中）のそれぞれ」という意味であり，話し手が全体のうちにある個々を意識していることを示す表現です。every には代名詞の用法はなく，もちろん every of ～という表現もありません。このことからわかるのは，each は every に比べ，全体よりも個々にスポットを当てる語であるということです。

each のイメージ

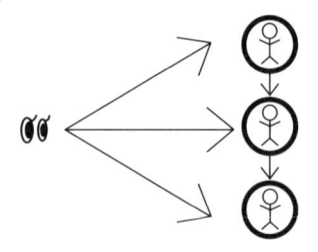

　上の図のように，each は個々のメンバーに視点を向けていって，結果的に全体に目を通すことになります。

　これ対し，every はまず個々のメンバーよりも全体を意識します。every が全体を意識する語だということは，例えば「皆さん，おはようございます (Good morning, everyone!)」と言うときに，「皆さん」を英語では eachone と言わず，everyone と言うことからもわかると思います。eachone という単語が存在しないのも，each が every のように全体を意識する語ではないという理由もあるからでしょう。

every のイメージ

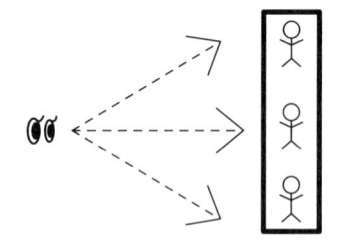

　every は上の図のように，全体を意識して，全体のうちに含まれる個々のメンバーを一度に視界にとらえるのです。

さらに、every は一度にとらえる個々のメンバーの数が each よりも多いという違いがあります。each が 2 つ以上のものに使われるのに対し、every は 3 つ以上のものに使われるのはそのためです。

③ Taro was holding a basketball under $\begin{cases} \bigcirc \text{ each} \\ \times \text{ every} \end{cases}$ arm.

（太郎は両脇にバスケットボールを抱えていた）

every arm と言えば、千手観音のように手がいくつもあるように聞こえます。

2 cannot help 〜ing は，なぜ「〜せずにはいられない」という意味になるの？

　help には「手助けする」という基本的な意味があります。しかし，熟語〈cannot help 〜ing〉「〜せずにはいられない」の help は，「手助けする」という意味ではなく，stop と同じようなニュアンスの「〜を阻止する」という意味なのです。

　この「〜を阻止する」という意味の help は，よく助動詞 can と一緒に使われます。〈cannot help 〜ing〉を直訳してみれば，「〜するのを手助けできない」ですが，「〜するのを手助けできない」→「〜することに対して無力である」→「〜することに対してどうしようもない」ということから，「〜するのを止められない」という意味になるのです。

　〈cannot help 〜ing〉に「〜せざるをえない」という日本語訳をあてている例を見かけることがありますが，この日本語訳では義務のような印象を与えてしまいます。しかし，「〜せざるをえない」から「〜せずにはいられない」へと，日本語訳をほんの少しだけ変化させることによって，もとの英語のニュアンスにより近くなります。

①We could not help laughing at the joke.
×（私たちはそのジョークに笑わざるをえなかった）
　　状況：あたかもイヤイヤ笑ったようなニュアンスになる。

⇩

○（私たちはそのジョークに笑わずにはいられなかった）
　　状況：笑いをこらえることができなかったという英語本来のニュアンスになる。

〈cannot help 〜ing〉から「〜することをやめられない」という英語本来のニュアンスを十分に感じとって，この表現を使ってみてください。

3 anything but が、なぜ「決して〜ない」という否定の意味になるの？

　熟語〈anything but〉は，どこにも not などの否定語がないにもかかわらず，「決して〜ない」という否定の意味を持ちます。次の例文をご覧ください。

①He is anything but a gentleman.
　（彼は決して紳士なんかじゃない）

　〈anything but〉が否定表現だということを納得するために，まず but を理解することから始めましょう。but の意味ですぐ思い浮かぶのは「しかし」ですが，これは but が接続詞の場合です。前置詞として使われる場合，but は「〜以外に」という意味になるのです。

接続詞 but と前置詞 but

接続詞 but　He ordered red wine, but the waiter brought him white wine.
（彼は赤ワインを注文したのだが，ウェイターは白ワインを持ってきた）

前置詞 but　He gets up at six everyday but Sunday.
（彼は日曜以外には毎日 6 時に起きる）

　接続詞 but「しかし」と前置詞「〜以外」とでは似ても似つかないように思われるかもしれませんが，次のように考えるとわ

かりやすくなるのではないでしょうか。

②I like everyone but (I don't like) Taro.
　(みんなのことは好きだ けれども ，太郎は好きじゃない)

例文②の but のあとの（　）の部分を省略してみると，次のようになります。

③I like everyone but Taro.
　(太郎 以外 みんな好きだ)

　例文②の but は接続詞ですが，but のあとの（　）の部分を省略することによって，例文③のように but は前置詞となり，しかも，文全体の意味はほとんど同じで変わりません。このように，接続詞 but と前置詞 but は，品詞は異なるけれども，実はほとんど同じ意味を持っているということがおわかりいただけたでしょうか。

　ここで，〈anything but〉の話に戻りましょう。この but を前置詞 but「〜以外」と考えると，〈anything but〉とは「〜以外の何か」であるとわかります。例文①では，He「彼」は，anything but a gentleman「紳士以外の何か」であるということになり，前提は彼が紳士ではないということになります。その結果，彼は紳士ではないということを強調した文となっているのです。「決して」の意味は，anything の意味の影響が大きく，but の意味と重なることによって，熟語として，〈anything but〉は「決して〜ではない」という強い否定をあらわす表現になるのです。「紳士以外の何者であるにしても，決して紳士ではない」ということでしょう。

4 「あなたが都合よければ」は，なぜ if you are convenient ではないの？

「あなたが都合よければ私に会いに来てください」と英語で表現したいとき，どのように言えばよいのでしょうか。次に挙げるのは，よくある間違いの一つです。

① × Please come and see me if you are convenient.

なぜ例文①が間違っているのかは，接続詞 if の後ろだけを取り出してみるとわかりやすいと思います。

$$\underset{S}{\underline{you}} \quad \underset{V}{\underline{are}} \quad \underset{C}{\underline{convenient}}$$

$$\Downarrow$$

you ＝ convenient

　第 2 文型〈S（主語）＋V（動詞）＋C（補語）〉では，C（補語）が形容詞の場合，S（主語）の性質などをあらわし，S と C との間には，S＝C の関係が成り立ちます。したがって，例文①のように書くと，上の図で示したように，主語 you（あなた）と補語 convenient（都合のよい）との間に，you（あなた）＝ convenient（都合のよい）という関係が成り立つことになり，「あなたは都合のよい人だ」という意味になってしまいます。

　このような間違いが起こる原因は，日本語と英語のズレにあると言ってもよいかもしれません。日本語の「あなたが都合よ

ければ私に会いに来てください」という表現に含まれている意味をもう少し深く考えてみると、省略されている言葉があることに気付きます。

まず、「都合のよい」の主語は「あなた」ではなく、「あなたにとって私に会いに来ること」という行為です。したがって、例文①を英語で正しく表現するためには、for you to come and see me（あなたにとって私に会いに来ること）を主語にしなければなりません。

次に、for you to come and see me（あなたが私に会いに来ること）は主語としてそのまま文頭に置くには長い表現ですから、形式主語 it を使って、it is convenient for you to come and see me「あなたが私に会いに来ることは都合がよい」とします。

このようにして例文①を書き改めたものが、次の②の例文です。

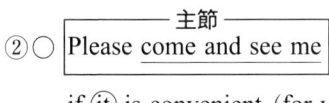

　　　　　　　　――― 主節 ―――
②○　│Please come and see me│

　　　　if (it) is convenient (for you to come and see me)

　　形式主語　　　　　　　　　　　真主語
　　└――――――――――――――↑

（あなたが［私に会いに来ることが］都合よければ、私に会いに来てください）

上の例文②において、主節の下線部と if 節の下線部がどちらも come and see me であることに着目してください。主節の中ですでに出てきた表現は、if 節の中でもう一度言わなくてもわかるので、②の（　）の部分のうち、to come and see me は省

略されます。また，話し手が聞き手に対して発話していることが明白なため，for 以下が全て省略されます。

convenient（都合のよい）の他にも，英語には，通常は人を主語にできない形容詞があります。

【参考】 人を主語にできない形容詞
possible「可能な」，necessary「必要な」，difficult「難しい」

ただし，「気むずかしい」という意味では，He is difficult. のように使う場合もあります。

これらの形容詞は，「〜すること」という行為を主語にします。また，行為をあらわすために不定詞（to + 動詞の原形）を使って，〈it is + 形容詞 + (for + 人) + to + 動詞の原形〉「(人にとって)〜することは…だ」という形で表現しますが，不定詞（to + 動詞の原形）の部分は，言わなくても文の前後関係からわかる場合が多いので省略され，その結果，次の例文のように〈it is + 形容詞〉だけで表現されることがあります。

③It's not always a good thing to feed the pigeons in the park. Sometimes it's harmful (to feed the pigeons in the park).
（公園の鳩に餌をあげることは必ずしもいいことではない。時には害になることもある）

発展 Help my homework. は，なぜおかしな文なの？

ところで，形容詞 convenient（都合のよい）の主語をめぐる

疑問の他にも，日本語と英語とのズレから生じる問題があります。次の例文をご覧ください。

　④× Help my homework.

「私の宿題を手伝って」と英語で言いたいとき，例文④のように表現することはできません。なぜなら，英語の論理では，手伝うのは人間であり，手伝ってもらうのも人間でなければならないからです。例文④のように表現すると，手伝ってもらうのが「私」という人間ではなく，「私の宿題 (my homework)」という物になってしまいます。

「私の宿題を手伝って」を英語で正しく表現するには，help「手伝う」の目的語を，「宿題に関して私を (me with my homework)」とすればよいのです。この場合 with は，in respect of ～「～に関して」や in relation to ～「～について」の意味として使われています。

　⑤○ Help me with my homework.
　　　（直訳：宿題に関して私を手伝って）
　　　⇩
　　　（意訳：私の宿題を手伝って）

5 I have a pen. は，おかしな文なのですか？

　英語を学び始めた頃，I have a pen.「私はペンを持っています」のような文を覚えた方もおられるかもしれません。しかし，この文は特別な場面以外には使われない，おかしな表現なのです。日本語でも「私はペンを持っています」という文は，どこか唐突で奇妙な感じがしませんか。この奇妙な感じは，ネイティブスピーカーが I have a pen. という文に対して抱く感じと同じなのです。

　それでは，なぜネイティブスピーカーは I have a pen. という文を奇妙だと感じてしまうのでしょうか。その理由は動詞の have にあります。動詞 have（持つ）は「所有」を意味することから，何かが「固有の特徴や性質を持っている」と言いたいときに使われます。

① The room has four windows.
　（その部屋には窓が4つあります）

　上の例文①では，主語の the room（その部屋）が，four windows（4つの窓）という固有の特徴を持っていることをあらわしています。

　しかし，I have a pen. という文に関しては，I（私）が a pen（ペン）を持っているということに関して固有の特徴を持っているとは言えません。ペンは私の持ち物ではありますが，通常，他の誰もがペンを持っており，したがって，ペンは私を特

徴づける持ち物ではないと考えられるからです。次の例文を見てみましょう。

②I have a BMW.（私は BMW を持っています）

日本語の文「私は BMW を持っています」には何ら違和感がありません。同じように，例文②は英語としても違和感のない表現です。その理由は，誰もが BMW という自動車を持っているわけではないので，BMW を持っているということは，主語の I（私）の特徴を十分にあらわすことができるからなのです。

③I have a nice pen.（私は素敵なペンを持っているのよ）

ところが，同じ pen であっても，上の例文③であれば可能です。というのは，誰もが持っている pen ではなく a nice pen（素敵なペン）を持っているという点で，主語の I（私）を十分に特徴づけることができるからです。

なお，I have a pen. という表現は，特定の場面においてなら違和感なく使えます。例えば，教室や職場などで「何か書くもの持っていない？」という質問に対して，「ペンなら持っているけど」と答える場合です。I have a pen. がおかしな文と感じられるのは，この文を単なる文法事項として取り上げ，それが使われる場面から切り離して理解してしまうことによるものです。私たちが英語を学習していく際に大切なのは，個々の文がどんな場面や状況で使われるのかを考えることだと思います。

6 マクドナルドの i'm lovin' it ってどんな意味？

　おそらく学校で進行形〈be +〜ing〉「〜している」を習ったときには，love（愛する）や know（知っている）といった状態をあらわす動詞は進行形にできないと聞いたと思います。ですから，マクドナルドのキャッチフレーズ i'm lovin' it を見れば，「あれっ？」と思うでしょうね。日本語で「〜している」と訳せる英語の表現には，現在形と現在進行形の 2 種類がありますが，両者の違いはいったい何なのでしょうか。次の 2 つの英文を比べてみてください。

①I live in Osaka.

②I'm living in Osaka.

　①と②の例文はどちらも「私は大阪に住んでいます」と訳して間違いではありません。しかし，2 つの文には，日本語訳には反映されませんが，やはり意味の違いがあります。進行形を用いた②が意味するのは，「〜している途中である」ということで，比較的短い期間をあらわします。つまり，②の例文は，「一時的に大阪に住んでいる」というニュアンスを持っているのです。
　改めて，教科書などでよく見かける，動作をあらわす動詞を使った進行形の例文を考えてみましょう。

③I'm playing tennis now.
　（私は今テニスをしている最中です）

　例文③では、「今」という比較的短い時間の区切りの中でテニスをしているということを意味しています。もうおわかりですね。英語の進行形とは、「短期的な時間の区切りの中で何かをしている最中である」ということを言いたい場合に用いられ、その場合、動作をあらわす動詞であっても、状態をあらわす動詞であっても、どちらも進行形となりうるのです。

④I'm loving you day by day.
　（日に日に君のことを好きになっていくよ）

　例文④では、まだ完全に love の状態ではないけれども、その途中の段階であり、日に日に love への度合いが高くなっていくということを意味しています。day by day（日に日に）という、一区切りの時間をあらわす副詞句を用いることによって、状態をあらわす love という動詞の進行形が文法的に可能な文となっているのです。
　しかし、マクドナルドのキャッチフレーズで、day by day のような副詞句が省略されていると考えても、「だんだんそれ（マクドナルドあるいはその商品！？）が好きになっていくよ」ではインパクトのある宣伝文句にはきっとならないでしょう。この lovin' は enjoying という意味で、現在食べているマクドナルドの商品がとてもおいしいといった感じの意味として使われています。状態動詞である love が動作動詞として使われると、意味が変化する場合もあり、このマクドナルドのキャッチフ

レーズでは，進行形「～しているところだよ」のイメージから来る生き生きとした感じと love が重ね合わされたことによって，enjoy の意味に変化し，i'm lovin' it「こいつはうめえや」といったような意味になるのです。

7 unusable は、なぜ「使わなくてもよい」の意味にならないの？

まず、この単語の生い立ちを探っていきましょう。unusable は、次のように分解することができます。

① un ＋ use ＋ able
　接頭辞　語基　接尾辞

この単語の中心の意味になるのは use です。この単語の基本の意味になっている use は、語基と呼ばれ、その前（単語の頭）にある「反対」の意味をあらわす un を接頭辞、後ろに尾びれのようにくっついている「できる」をあらわす able を接尾辞と呼びます。この3つの語がどのように組み合わさったのか、その順番（生い立ち）を考えてみると答えがわかってきます。組み合わせ方法は次のように2通りが考えられます。

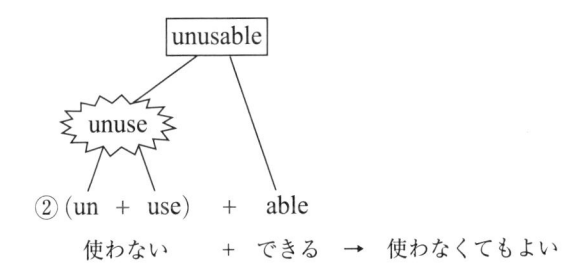

```
            unusable
           /        \
      ⌇unuse⌇        \
       /    \         \
② (un ＋ use) ＋ able
   使わない  ＋ できる  →  使わなくてもよい
```

```
        ┌─────────┐
        │ unusable│
        └─────────┘
           ╱ ╲
          ╱  ╱⌒⌒⌒╲
         ╱  │usable│
        ╱    ╲⌒⌒⌒╱
```

③　un　＋　(use ＋ able)

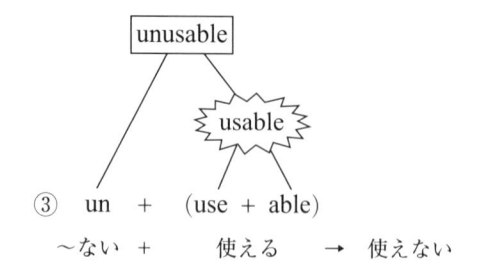

　　〜ない　＋　　使える　　→　使えない

　この単語は上のように 2 通りの組み合わせ過程が考えられますが，②の組み合わせ過程ではないことがわかります。それは un＋use を組み合わせた unuse という単語が存在しないからです（辞書で調べてみてください）。それに対して，use＋able を組み合わせた usable は「使用できる」という意味できちんと存在します。よって unusable の生い立ちは③の過程が正しいことになり，意味も②の「使わなくてもよい」ではなく，③の「使えない」の意味になるのです。

　④ unusable website（使用できないウェブサイト）

　un の他に否定をあらわす接頭辞には in もあります。例えば expensive（高価な）は，in を付けて inexpensive にすると「安い」となり，反対の意味になります。しかし，皆さんの中には valuable（価値がある）に in を付けても「価値がない」にはならず，「評価できないほど価値がある」という意味になることを不思議に思われている方もいるかもしれません。invaluable の生い立ちは in＋valuable ですが，接頭辞 un と違い in は，このように組み合わされた意味にならない例外的な場合が存在します。この場合，「評価できないほど価値がある」と考えればよいでしょう。

8 I am as tall as Taro. を「私は太郎と同じくらい背が高い」と訳してはだめなの？

〈as ～ as ...〉「...と同じくらい～」は，あるものとあるものを比較して，それら2つの「程度が同じ」であることを意味するときに使います。つまり，比較するものの「尺度」について述べているだけですので，I am as tall as Taro. という文は，I（私）と Taro（太郎）が「背が高い（長身である）」ことを必ずしも意味するものではありません。

日本語を例にとって考えてみると，もう少しわかりやすいでしょう。「高い」と「高さ」では，同じ「高」という漢字を使っても意味が違いますね。「背が高い」と言う場合，身長が180cm を超えている，というように，実際に背丈が高いことを意味しますが，「背の高さ」と言う場合には，どれだけの身長があるかという尺度をあらわしているだけなので，必ずしも実際に背丈が高いことを意味しません。

したがって，I am as tall as Taro. には，次のような日本語訳をつけるのが適切でしょう。

①I am as tall as Taro. (私は背丈は太郎と同じです)

「比較するものの尺度をあらわす」という，〈as ～ as ...〉のカラクリがわかれば，なぜ as old as ... を「...と同じくらい年をとっている」と訳さないのかもわかりますね。

②Taro is as old as Hanako.（太郎は花子と同い年である）

「同い年」と言いたい場合，つまり，年齢の尺度を表現したい場合，英語ではoldという単語を使います。たとえ太郎と花子が十代の「若者」であっても，年齢を言いたいときには，oldという単語を使わなければならないという点に注意してください。tallやoldの反意語であるshort（背が低い）やyoung（若い）の比較表現は，tallやoldの比較表現のように尺度として使われることはありません。これは，日本語で「同じくらいの低さ」や「同じくらいの若さ」とはあまり言わないのと似ています。shortやyoungを〈as 〜 as ...〉構文とともに使う場合には，身長や年齢の尺度をあらわすのではなく，文字通り「背が低い」や「若い」という意味になります。

③Taro is as short as Hanako.（太郎は花子と同じく背が低い）

④Taro is as young as Hanako.（太郎は花子と同じく若い）

as short as ...（...と同じく背が低い），as young as ...（...と同じく若い）と同様に，〈as 〜 as ...〉構文によって形容詞本来の意味をあらわす例をもう一つご紹介しておきましょう。それは，beautiful（美しい）やhappy（幸せだ）など，人の主観的な評価をあらわす形容詞です。as beautiful as ...（...と同じく美しい），as happy as ...（...と同じく幸せだ）という表現において，beautifulやhappyは「美しさ」や「幸福さ」の尺度をあらわすのではなく，文字通り「容姿端麗である」とか，「満ち足りた暮らしをしている」といった話し手の評価を含んでいます。

as beautiful as ... を使った次の例文では、話し手が自分の主観によって、「花子は美しい」という絶対的な評価をしていることをあらわしています。

⑤ Hanako is as beautiful as Ebi-chan.
　（花子はエビちゃんと同じくらい美しい）

9　have been dead「ずっと死んだ状態である」という表現に違和感があるのですが…

　教科書などでよく見かける現在完了〈have + 過去分詞〉の文に，次のようなものがあります。

①He has been dead for 3 years.（彼が亡くなって3年になる）
　〈have + 過去分詞〉＝現在完了

　例文①は現在完了の継続用法「ずっと〜している」ですから，直訳すれば「彼は3年間ずっと死んだ状態である」となり，日本語ではおかしな印象を与えます。実際の英語において，①のような表現はそれほど多くは使われないようですが，それでもこのような表現が英語にあることは認めなければなりません。
　「ずっと死んだ状態である」が日本語では奇妙に聞こえますが，英語ではそうではないのだということを理解するには，英語のネイティブスピーカーの文化と日本の文化との違いを考えてみるとよいかもしれません。
　皆さんは日本と西洋の怪談やホラー映画などに出てくる死人の違いをご存じでしょうか。日本のお化けは柳の木の下や墓場などに出没すると考えられているようですが，影のように現れたり消えたりするだけで，どこからやって来るのかもはっきりしないというイメージがあります。これに対して西洋の死人，例えばドラキュラなどは，影ではなく肉体を持っているとイメージされており，登場するときも棺おけのふたを開けて出てきます。

このような違いの背景には、"死"というものや"死後の世界"についての異なった思想があるのではないかと考えられます。日本では伝統的に、人は死ぬと極楽浄土など"あの世"に行ってしまい、残された死者の身体はいわば"ぬけがら"のようなものだと考えられてきました。しかし、西洋の伝統では、人は死んだあとこの世から「消えてなくなる」という考え方をしません。なぜなら、死者の肉体（英語で body は生きている人の身体だけでなく死体も意味します）は、この世の"終末"に"最後の審判"を経て再生するというのがキリスト教の思想だからです。キリスト教の考え方からすれば、死者の肉体は最後に"復活"するまでこの世で「ずっと死んだ状態である」ことが大切なのだとも言えます。

　日本では、「死んだ」という言葉からもわかるように、死者は過去の人として扱われますが、西洋では"復活"という宗教的な考え方から、現在とのつながりを大切にします。つまり、死んだ人は"復活"すると想定されており、人が死んでから現在までの期間は、"復活"を待っている大切な過程であるとされるのです。例文①のように、現在との密接なつながりをあらわす現在完了が使われる背後には、以上に述べてきたような宗教思想があると考えられます。

発展　He has died for 3 years. は、なぜおかしな文なの？

　ところで、例文①と似ていますが、次のような文はおかしな表現です。

② ✕ He has died for 3 years.

　例文①で使われていた dead は形容詞で「死んでいる」という状態をあらわしますが，die は動詞で「死ぬ」という瞬間的な事柄をあらわします。したがって，②のように，die という動詞を一定の期間をあらわす for 3 years（3 年の間）と一緒に使うと，「3 年の間何度も死に続けている（？）」というおかしな意味になってしまうので，注意してください。
　しかし，次の例文のように，不特定の人々の場合は可能な文になります。

　　As many as 300,000 people have died in the conflict.
　　（30 万人もの多くの人々がその紛争で死んでいる）

　上の例文は，「過去に 30 万人もの多くの人々がその紛争で死んだという事実が現在まで存在している」という意味をあらわしています。注意しなければならないのは，「現在まで 30 万人もの多くの人々がその紛争で死に続けている」と，「継続」用法の意味で訳してはいけないということです。このことは次の例文のように，「継続」用法で使われる，期間をあらわす for（〜の間）と一緒には使えないことからも明らかです。

　　✕ As many as 300,000 people have died in the conflict for the last 3 years.

10 already は,なぜ疑問文では使えないの?

 現在完了(have + 過去分詞)の完了・結果用法「～してしまった」とともに使われる副詞 already「もうすでに」は肯定文のみで使われ,疑問文では already の代わりに yet を使わなければならないと習います。

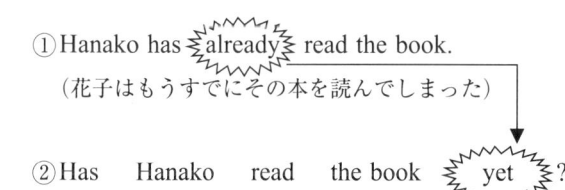

①Hanako has *already* read the book.
　(花子はもうすでにその本を読んでしまった)

②Has　Hanako　read　the book *yet*?
　(花子はもうその本を読みましたか)

 肯定文では already,疑問文では yet というように,なぜ使い分けなければならないのでしょうか。その理由は already という単語の生い立ちにあります。

already の生い立ち

already	=	all	+	ready
(すでに)		(十分に)		(準備ができて)

 already という単語は all(十分に)と ready(準備ができて)の組み合わせから生まれたものです。したがって,already は意味の上で「十分に準備ができている」ということを含んでい

るので,「行動がすでに終わっている」という意味の現在完了の肯定文で使われるのです。疑問文の場合には「行動がすでに終わっている」かどうかわかりませんから, already を使うことはできません。

しかし,「行動がすでに終わっている」ことを前提とし, そのことに対する意外性や驚きの気持ちをあらわす場合には, 疑問文でも already が使われます。次の例文③では, 例えば, 百科事典なみに分厚い本を, 1週間たらずで読んでしまった場合などに使われる表現です。

③ Has Hanako already read the book?
　　(花子はもうその本を読んでしまったのかい)

また, 文中で already が来る位置は yet と違い, 完了形の場合, have (has) のあとであるとされていますが, yet と同じように文末に来ることもあります。英語という言語は強調したい語句を文末に置くという性格があります (文末焦点言語)。疑問文で already を文末に置くと,「そんなにもはやく」という驚きの気持ちを強調する表現になります。

④ Has Hanako read the book already?
　　(花子は[そんなにもはやく]もうその本を読んでしまったのかい)

11 不定詞の形容詞的用法は，なぜ「〜すべき」という should の意味になるの？

不定詞 (to + 動詞の原形) には，(1) 名詞的用法，(2) 形容詞的用法，(3) 副詞的用法の3つの基本用法があります。いわば不定詞は三重人格で，ある時は名詞，またある時は形容詞や副詞というように，文中での位置によって，様々に役割を変えるのです。

さて，3つの基本用法の一つである形容詞的用法とは，名詞のあとに不定詞があり，その不定詞が前の名詞を修飾しているものを指します。形容詞的用法にはいろいろな意味がありますが，その代表的なものに「〜すべき」という意味があります。

なぜ形容詞的用法に「〜すべき」という助動詞 should と同じ意味があるのかと言いますと，不定詞の形容詞的用法は，もともと be to do，つまり〈be 動詞 + to + 動詞の原形〉という一種の be to 不定詞構文だったからです。この〈be 動詞 + to + 動詞の原形〉には「〜すべき」という should と同じ意味があります。

① I have <u>a lot of work</u> [(I am) to do today].
          名詞   be 動詞 + to
                          =
                        should

（今日はするべき仕事がたくさんある）

例文①では，[ ] の部分が関係代名詞節となって，前にある a lot of work「たくさんの仕事」を修飾するはたらきをしています。

かつて不定詞の形容詞的用法は，例文①のような，関係代名詞節を使った表現でした。それがやがて，関係代名詞節の中の〈主語＋be動詞〉の部分が省略されて，現在の形容詞的用法となったのです。例文①で言えば，I am の部分が省略されるようになったのです。

　例文①では，[ ]の中の〈be動詞＋to＋動詞の原形〉の主語が，文の主語と同じであることに着目してください。例文①のように〈be動詞＋to＋動詞の原形〉の主語が文の主語と同じである場合，あるいは，〈be動詞＋to＋動詞の原形〉の主語が文脈から明らかな場合に，〈be動詞＋to＋動詞の原形〉の主語が省略されるようになり，それにともなって be 動詞も省略されるようになったのです。

　ところで，〈be動詞＋to＋動詞の原形〉，いわゆる be to 不定詞構文には，助動詞 should（〜すべき）以外に，助動詞 can（〜できる）の意味もあります。当然のことながら，不定詞の形容詞的用法にも can の意味があります。

② Would you like <u>something</u> [(you are) to drink] ?
　　　　　　　　　　名詞　　　　　　　be 動詞 + to
　　　　　　　　　　　　　　　　　　　　　‖
　　　　　　　　　　　　　　　　　　　　　can

（何かあなたがお飲みになれるものはいかがですか
　⇒何か飲み物はいかがですか）

発展 不定詞の意味上の主語なのに，なぜ for がいらないの？

不定詞の形容詞的用法には，不定詞の直前の名詞が不定詞の意味上の主語である場合があります。通常，不定詞の意味上の主語は，〈for＋人〉のように，前置詞 for を使ってあらわしますが，次の場合は前置詞が必要ありません。例文③をご覧ください。例文③では, to break our promise（私たちとの約束を破る）という不定詞の意味上の主語は a man（人）ですが，a man の前に前置詞はありません。

③ Taro isn't [a man]$_{S'}$ [to break our promise]$_{V'}$.
　　S　V　　　C

（太郎は私たちとの約束を破る人ではないよ）

例文③では，不定詞の直前の名詞（a man）と不定詞（to break our promise）が主語と述語の関係になっています。しかし，a man の前に不定詞の主語であることを示す for がいらないのは，この文の場合，不定詞の前にある名詞が文の要素である補語にもなっているからです。このような例として他に，不定詞の前の名詞が文の要素である S（主語）や O（目的語）になっている場合が挙げられます。

④ [The first man]ₛ′ [to arrive]ᵥ′ was Taro.
　　　　S　　　　　　　　　V

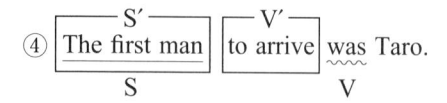

（最初に到着したのは太郎だった）

　④の例文では，不定詞の前の名詞が文の主語のはたらきをしています。不定詞の前の名詞と不定詞との関係が，例文のように主語と動詞の関係にある場合は，不定詞の形容詞的用法の代表的な訳である「～すべき」の意味にはならないことにも注意しましょう。ここでは関係代名詞を使って The first man to arrive を The first man that arrived に書きかえることができます。よって，「最初に～した」と訳します。

12 On 〜ing は，なぜ「〜するとすぐに」という意味になるの？

　前置詞 on のイメージは，ある物が何かに接触しているという感じです。

<u>on のイメージ</u>

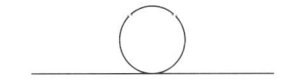

① On the table, there's a bottle of wine.
　　（テーブルの上には，1本のワインボトルがあった）

　皆さんは上の図のように，前置詞 on を使った場合，物体が何かの上にのって接触しているというイメージが簡単に理解できると思います。それでは，次に，ある行為が別の行為の上にのっているとイメージしてみましょう。

②On getting home, I phoned Taro.
　(家に着いたらすぐに，私は太郎に電話をした)

順　(2)	phone Taro
序　(1)	get home
時　　間	

　上の図で考えると，get home (家に着く) という行為の上に，phone Taro (太郎に電話をする) という行為があるということがはっきりします。時間的に考えると，get home という行為が最初になされ，それとほぼ同時に，いわば get home の上に重なるようにして phone Taro という行為がなされています。したがって，get home の上に phone Taro がのっているというイメージから，前置詞 on が使われるのです。これをきれいに日本語訳すれば，「～するとすぐに」となります。

13 付帯状況の分詞の使い方がわからないのですが…

　分詞には形容詞のように名詞を修飾するはたらきがあります。この他に，分詞によって導かれる句が，副詞句として文を修飾する用法があります。この用法を分詞構文と言います。分詞構文は〈接続詞＋S（主語）＋V（動詞）〉と同じはたらきをし，様々な意味をあらわします。分詞構文の基本的な意味には，(1) 時：「～するとき」（＝when など），(2) 理由：「～なので」（＝because など），(3) 条件：「～ならば」（＝if など），(4) 譲歩：「～けれども」（＝though など），(5) 付帯状況：「～しながら」，「～して（そして…）」の5つがあります。

　さて，付帯状況の分詞構文には，前置詞 with を使った表現があります。

付帯状況をあらわす分詞構文
　〈with＋A（名詞）＋B（分詞）〉「AがBの状態で」

　付帯状況の構文〈with＋A＋B〉は，「AがBの状態で」という意味をあらわします。この構文では，Aの位置に来る名詞が文の主語とは異なり，そして，Bの位置には分詞が来ます。Bの位置には，形容詞や副詞も来ることもあります。この場合は分詞構文とは呼びません。

その他の with を使った構文
　〈with＋A（名詞）＋B（形容詞／副詞）〉

次に挙げるのは付帯状況〈with + A + B〉を使った例文です。

①He was sitting on the chair with |his legs| |crossed|.
　　　　　　　　　　　　　　　　　　　　　Ａ　　　　Ｂ
　　　　　　　　　　　　　　　　　　　　名詞　　　分詞

（彼は足を組んで椅子に座っていた）

　例文①では，Ｂの位置に来る分詞が，crossed「組まれた」という過去分詞になっています。過去分詞は「～された」という意味で，受身をあらわします。したがって，例文①の付帯状況〈with + A + B〉は，his legs（彼の足）が crossed（組まれている状態である）という受身の意味をあらわします。そして，his legs（彼の足）と crossed（組まれている状態である）は，ちょうど主語と述語の関係になっています。図で示すと②のようになります。

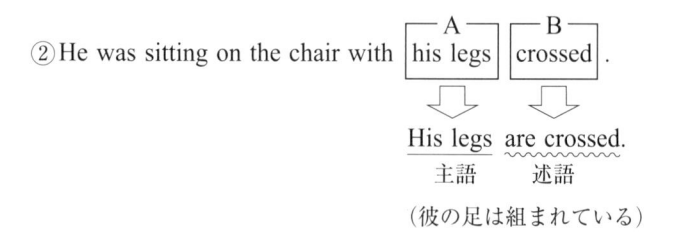

②He was sitting on the chair with |his legs| |crossed|.
　　　　　　　　　　　　　　　　　　　　　Ａ　　　　Ｂ
　　　　　　　　　　　　　　　　　　　　　⇩　　　　⇩
　　　　　　　　　　　　　　　　　　　His legs are crossed.
　　　　　　　　　　　　　　　　　　　　主語　　述語

（彼の足は組まれている）

　一般に，構文〈with + A + B〉「ＡがＢの状態で」において，ＡとＢは「Ｓ（主語）－Ｐ（述語）」の関係になります。これを文法用語でネクサス（nexus）と言います。

〈with＋A＋B〉における「S（主語）－P（述語）」関係

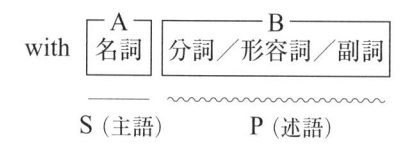

with ｜A 名詞｜｜B 分詞／形容詞／副詞｜
　　　S（主語）　　　P（述語）

ここで，次の例文③をご覧ください。

③ The dog was sitting on the chair with ｜A his tongue｜｜B hanging out｜.
（その犬は舌を垂らして椅子の上にお座りしていた）

　これは，例文①と同じく，付帯状況〈with＋A＋B〉を使った文です。しかも，例文①と同様に，Aの位置には his tongue（彼［その犬］の舌）という「身体の一部」をあらわす名詞が来ています。しかし，例文③の場合には，Bの位置に来る分詞が，受身をあらわす過去分詞ではなく，現在分詞となっています。例文③の〈with＋A＋B〉も，①と同じように，his tongue（彼［その犬］の舌）という「身体の一部」が「垂らされた状態でいる」という受身の意味をあらわしているように思われるのですが，実際には，例文③で過去分詞を使って hung out とすることは文法的に誤りなのです。

　例文③で，過去分詞を使って with his tongue hung out とすることがどうして誤りなのか，その理由を考えるために，③の〈with＋A＋B〉の部分を取り出してみましょう。

④ × with [A his tongue] [B hung out]
　　　　　　　S (主語)　　　P (述語)
　　　　　　　　⇩　　　　　　⇩
× His tongue　is hung out.
　　　S　　　　　　P

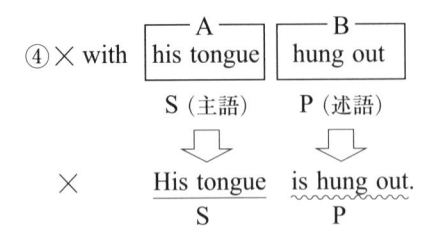

　もし仮に，with his tongue hung out とすることが正しいなら，his tongue と hung out との間には「主語 (S) – 述語 (P)」の関係が成り立つはずですから，上の④で示したように，His tongue is hung out. という文を作ることができるはずです。しかし，この文は，文法的に誤っているのです。

⑤ × His tongue　is hung out.　←文法的に誤り
　　　　S　　　　　　P

　⑤が文法的に誤りである理由は，hang out が他動詞 (あとに目的語が来る動詞) ではなく自動詞 (あとに目的語が来ない動詞) であるということにあります。hang out は「(動物の舌などが) 外に垂れる」という意味であり，自動詞として使われますが，他動詞としての用法はありません。自動詞には目的語がなく，受身にすることができません。hang out を受身にして His tongue is hung out. とするのは文法的に誤りなのです。

　したがって，例文③においても，「彼 (その犬) の舌」を「外に垂らしている状態である」をあらわすのに，過去分詞 hung out を使うことができないのです。

　例文③の his tongue (彼 [その犬] の舌) と hanging out (外に垂れている) との間には，次のような「S (主語) – P (述語)」関係が成り立っています。

⑥ The dog was sitting on the chair with ┌─ A ─┐┌─ B ─┐
　　　　　　　　　　　　　　　　　　　│his tongue││hanging out│.

　　　　　　　　　　　⇓　　　　⇓
　　　　　　　　　His tongue is hanging out.
　　　　　　　　　　　S（主語）　　P（述語）
　　　　　　　　（彼［その犬］の舌が垂れている）

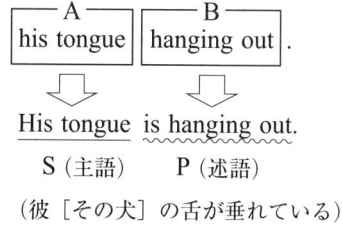

　his tongue hanging out は with の目的語ですが，意味上においては主語と述語の関係でもあります。別の見方をすれば，長い文にするのを避けるはたらきもあるのです。

| 発展 | 能動態なのに受身の意味になる，過去分詞なのに受身の意味にならない，いったいどうして？ |

　他動詞の用法と自動詞の用法を持っている動詞の場合，他動詞を受動態にして受身をあらわすだけでなく，自動詞を使うことによっても受身的な意味を持つ文を作ることができます。

　⑦ **他動詞**　The window was broken by Taro.
　　　　　　（その窓は太郎によって壊された）

　⑧ **自動詞**　The window broke.
　　　　　　（その窓は壊れた）

　break という動詞には他動詞の用法と自動詞の用法があります。受身をあらわすために，他動詞 break（〜を壊す）を受動態

にすることもできますが，その他に，自動詞 break（壊れる）をそのまま使うこともできます。⑦と⑧の例文を比べてください。

⑧のように，break を自動詞で使う場合でも，窓が勝手に壊れることはないので，誰かに「壊された」ことを意味します。しかし，自動詞を使う場合には，「(誰かに) 壊された」という，人による行為に焦点があるのではなく，「壊れた」という出来事に焦点があります。

話は変わりますが，自動詞の用法しかない動詞にも過去分詞形があるのはなぜなのでしょうか。自動詞の用法しかない動詞は受動態（be 動詞＋過去分詞）にすることができません。にもかかわらず，自動詞も含めてすべての動詞には原形―過去形―過去分詞形があるのです。

その理由は，過去分詞には 2 つの役割があるからです。

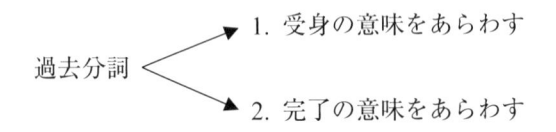

過去分詞
　→ 1. 受身の意味をあらわす
　→ 2. 完了の意味をあらわす

完了形（have [had] ＋過去分詞）で使われる過去分詞を思い出してください。さらに，次の例文のように，完了形を使わなくても，過去分詞で完了の意味をあらわす場合もあります。

⑨ Summer is gone.（夏は去った）

例文⑨では，「夏」が「(今) 過ぎ去った状態にある」という状態をあらわし，過去分詞は形容詞として使われています。

14 and が but の意味に？

接続詞 and でつながれた文〈A and B〉を日本語訳する場合，and はどう訳せばよいでしょうか。一般的に，「A そして B」というように，and を順接の接続詞として訳すのが普通でしょう。けれども，「A しかし B」という逆接に訳すのがふさわしい場合や，「A なので B」のように原因と結果の関係として訳した方がよい場合もあります。

このように，同じ接続詞 and に対して，いくつもの日本語訳があるのですが，実は，and の基本的なイメージは一つです。and の基本イメージを理解するには，次の図のように時間関係で考えるとわかりやすくなります。

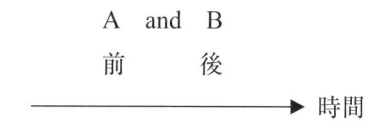

```
        A    and    B
        前          後
───────────────────────▶ 時間
```

このイメージを，実際の英文にあてはめて考えてみましょう。

① Taro |sat down| and |read| the newspaper.
　（太郎は座り，そして，新聞を読んだ）

上の例文①では，sat down（座った）と read（読んだ）が and でつながれており，and の前に置かれている sat down という行動が時間的に先に起こり，read という行動が時間的にあとで起

こったことになります。次に例文②を見てください。

②He tried hard and he failed．
（彼は一生懸命に努力したが，しかし，失敗した）

　例文②においても，接続詞 and を用いることによって，tried hard（一生懸命に努力した）という行動が時間的に前で，failed（失敗した）という出来事が時間的にあとであることが示されています。
　ところで，例文②の日本語訳において，and に but と同じ「しかし」という訳語があてられるのはなぜなのでしょうか。その理由は，普通，文の構造は出来事の時間的な順序にそって表現され，英語の and はこの時間的な関係をあらわす語であるからです。英文においては，tried hard（一生懸命に努力した）という行動が時間的に前で，failed（失敗した）という出来事が時間的にあとであれば，両者を and でつなぐことに何ら問題はありません。and は時間的な前後関係を表現するからです。しかし，and の文を日本語に訳す場合には，時間的な前後関係のみならず，順接と逆接の違いも意識して訳す必要が出てきます。例文②を日本語訳する場合，tried hard（一生懸命に努力した）という行動と failed（失敗した）という結果との結びつきが，通常予想されることに反しているので，「しかし」という逆接の接続詞をあてるとぴったりするのです。

発展 and が原因と結果の関係をあらわす場合とは？

and が原因と結果の関係をあらわす例文についても見てみましょう。

③ She had a bad cold and lost a lot of weight.
　（彼女はひどい風邪をひいたので，ずいぶんとやせた）

例文③においても，and を用いることによって，had a bad cold（ひどい風邪をひいた）という出来事が時間的に前で，lost a lot of weight（ずいぶんとやせた）という出来事が時間的にあとであることが示されています。ただし，例文③では，「ひどい風邪をひいた」ことが原因となって「ずいぶんとやせた」という結果が生じた，というように，and の前後の出来事が原因と結果の関係になっています。それで，日本語訳にする際には理由をあらわす because のように「～ので」と訳すのが適切になるのです。

and のように，1つの単語に複数の日本語訳がある場合が多いですが，実は1つの単語の中心となっているイメージは同じです。一見多義的に見える語であっても，基本イメージを理解することが大切なのです。

15 「もし〜がなければ」は、なぜ if it were not for 〜 であらわすの？

　仮定法とは、「もし〜なら、…だろうに」と、事実とは反対のことを言うときに使うことが多い表現です。仮定法を使った構文の一つに、〈if it were not for 〜〉「もし〜がなければ」があります。次の例文によって具体的に見てみましょう。

①If it were not for my family, I would not be here.
　（もし家族がいなければ、私はここにはいないだろう）

　ところで、「もし〜がなければ」が、どうして〈if it were not for 〜〉という形であらわされるのでしょうか。まず、上の例文①を、仮定法から直説法（事実を述べた文）に書きかえると次のようになります。

②I owe my being here to my family.
　S V　　　O
　（私がここにいられるのは家族のおかげである）

　例文②について簡単に説明すると、〈owe + A + to + B〉というのは、「A（恩恵など）を B から受ける、A を B に負う」という意味の表現です。例文②では A の部分に動名詞 my being here が来ています。この my は動名詞 being here（ここにいること）の意味上の主語ですから、my being here は「私がここにいること」をあらわします。こうして、例文②の意味は「私は

自分がここにいることを家族に負っている」となり，意訳すれば「私がここにいられるのは家族のおかげである」となるのです。

　それでは，〈if it were not for ～〉が，なぜ「もし～がなければ」を意味するのかを考えていきます。最初に〈if it were not for ～〉の it から見てみましょう。この代名詞 it は形式的な it であると考えられがちですが，そうではなく，話し手にとってすでにわかっている事実，つまり，例文②で言えば「私がここにいられるのは家族のおかげである」ということを指します。次に，be 動詞の were についてですが，ご存じのように仮定法では主語が一人称単数（代名詞の I）や三人称単数（代名詞なら he, she, it など）であっても were を使うことがよくあります。もっとも was を使っても口語では間違いにはなりません。最後に，前置詞 for ですが，この for は because of ～（～の理由で），owing to ～（～のために）と同じように，理由をあらわすものです。したがって，〈if it were not for ～〉を，例文①をもとに図解すると次のようになります。例文③は，例文①の内容を省略せずに示したものです。

〈if it were not for ～〉の構造

① If　　　 it 　　 were not 　for 　　 my family, I would not be here.

⇩　　　　　　　　　⇩

③ If my being here were not owing to my family, I would not be here.

（直訳：私がここにいるのが家族のおかげによるものでないなら，

私はここにはいないだろう）

　例文③の日本語訳は少しまわりくどくなってしまいますが，つまり，「私がここにいるのが家族のおかげによるものでないなら，私はここにはいないだろう」⇒「私がここにいるのは，家族のおかげである」⇒「私がここにいるのは，家族が存在しているおかげである」⇒「家族が存在しているのでなければ，私はここにはいないだろう」となり，このようにして，意訳「もし，家族がいなければ，私はここにはいないだろう」となるのです。it は主節の意味内容（私がここにいる）をあらわしているので，あえて別の訳をするならば「次のことが家族のおかげでないというのなら，私はここにいないだろう」となります。

　例文③の下線部は，But for ～（もし～がなければ）を使うと，〈if it were not for ～〉よりも簡潔に表現できます。その場合，前置詞 but が「～以外」をあらわしますので，but for my family は「家族のおかげという理由以外で」を意味します。

③ If my being here were not owing to my family,
　I would not be here.

　　　　　　　④ But for my family, I would not be here.
（直訳：家族のおかげという理由以外でなら，私はここにはいないだろう）

if it were not for ～ 構文は，強調構文が関係している等，学者間でも様々な議論が交わされているくらい難しい問題です。ネイティブスピーカーでさえ，質問しても明確に答えることが

できないということは，一種の慣用表現になっているという証拠でもあり，学習者ならば構文と考えてそのまま覚えた方が効率的かもしれません。

16 事実を強調する仮定法って？

　一般に，仮定法とは事実と反対のことを言うときに使う表現であるとされています。つまり，話し手が現実とは違う仮想世界を思い浮かべて，"これは現実とは違うんだ"という心の距離感を持っているときに使われる表現が仮定法だと言えるでしょう。この「距離感」をあらわすために，仮定法では，現在のことを言うときでも過去形を使い，過去のことを言うときには過去完了形を使います。

　「～してくれませんか」という依頼をあらわす表現として，Will you ～? と直説法（仮定法を使わない普通の表現を，仮定法と区別して「直説法」と言います）で言うよりも，Would you ～? と仮定法で言う方が丁寧だと言われるのも，仮定法が「距離感」をあらわす表現だからです。確かに，相手に何かお願いするとき，自分のお願いを"ダイレクト"に表現するよりも，適度な対人関係の「距離」をとって表現する方が丁寧に聞こえるでしょう。このように，仮定法とは，基本的に，現実と仮想世界との距離感，あるいは，話し手と聞き手との距離感をあらわすための表現であると言えます。

　ところで，事実と反対のことではなく，事実と同じことを強調して言うために，仮定法を使うことがあります。現実との距離感をあらわすのが仮定法の基本だとするなら，これは一見おかしなことです。次の例文を見てください。

①**直説法**　I will not marry you.
　　　　　（あなたと結婚するつもりはないわ）

②**仮定法**　If you were the last man in the world,
　　　　　　　　　　　　　I wouldn't marry you.
　　　　　（たとえあなたが世界で最後の 1 人になっても
　　　　　　　　私はあなたと結婚するつもりなんかないわ）

　直説法の例文①が言いたいことはすぐにわかります。「あなたとは結婚するつもりはない」ということですね。ところが，仮定法の例文②を見てください。I wouldn't marry you「あなたと結婚するつもりなんかない」と否定文になっています。現実との距離感をあらわすために，直説法とは反対の事柄をあらわすのが仮定法だと考えるなら，直説法の例文①と仮定法の例文②が，どちらも同じ「結婚するつもりはない」という話し手の意志を表現しているというのは奇妙なことに思えるかもしれません。

　しかし，例文②は仮定法を使ってはいますが，事実の反対をあらわすのではなく，むしろ事実を強調する表現なのです。このように，仮定法がとんでもない世界を仮定できるという性質上，事実を強調するために使われる場合もあります。

　それでは，なぜ仮定法を使って事実を強調することができるのでしょうか。その理由は接続詞 if の意味にあります。接続詞 if は「もし〜なら」という条件をあらわすだけではなく，「たとえ〜でも」という譲歩をあらわすことがあります。譲歩だということをはっきりさせるために，even if「たとえ〜でも」という形をとることもありますが，if だけで even if と同じ意味

をあらわすこともできます。譲歩とは一種の逆接で,話し手が自分の言いたいことを強調するために使う表現です。例を挙げると,「たとえ欠点があっても彼が好きだ」と話し手が言った場合,話し手が言いたいのは「彼が好きだ」ということでしょう。「彼が好きだ」という主張を引き立てるために,あえて対比的な表現「たとえ欠点があっても」を話し手が持ち出すというのが譲歩です。仮定法の文でも,ifが「たとえ〜でも」という譲歩をあらわしている場合,if節は話し手の主張を引き立てるために持ち出されているのです。そして,その場合,話し手の主張はもちろん,if節ではなく主節,例文②ではI wouldn't marry you「あなたと結婚するつもりなんかない」となるのです。

　例文②では「世界で最後の1人になっても」という,極端な仮想の世界を引き合いに出すことによって,話し手の言いたいことがとても強く表現されていますね。日本語の「火が降っても槍が降っても明日は君に会いに行くよ」というのも,これとよく似た発想の表現だと言えるでしょう。

第 3 章

英語の形の
不思議

1 短縮形 aren't のもとの形は are not だけではないのですか？

どのような分野についても言えることですが，基本は非常に大切で，しかも意外に難しかったりするものです。英語の学習者が最初に習う be 動詞も，英文法の基本であるとされていますが，実はこれがなかなかのクセ者なのです。

〈be 動詞 + not〉の短縮形というものがあります。is not の短縮形は isn't, are not の短縮形は aren't です。ところで，am not の短縮形はないのでしょうか。意外や意外，実は，aren't は are not の短縮形であるだけでなく，am not の短縮形でもあるのです。「まさか！？」と思われた方は，手元の辞書などで一度調べてみてください。例えば，「俺って強いよな」という表現を，付加疑問文を使って英語にすると以下のようになります。

①I am strong, <u>aren't I</u>?（俺って強いよな）
　　　　　　　 ‖
　　　　〈am not の短縮形 + I〉← 付加疑問文

付加疑問文は「〜ですよね」などと念を押すのに使われる表現で，もとの文が肯定文の場合は，〈否定の短縮形 + 代名詞？〉を文末に付け加えます。上の例文①では，I am 〜 で始まる文の付加疑問文が aren't I で表現されていることに着目してください。この例文のように，am not の短縮形として aren't が使われるのです。この理由は，もし amn't とすると [m] と [n] を続けて発音するのが難しいためです。ただし，イギリスの方言で

は amn't という形も使われたりしているようです。

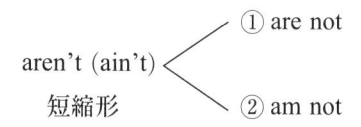

```
                      ① are not
   aren't (ain't)
     短縮形           ② am not
```

　標準的な表現ではありませんが，am not の短縮形として，アメリカの口語では ain't という形が使われます。

　話はそれますが，助動詞 may も短縮形をほとんど使うことのない個性的な助動詞です。助動詞にも〈助動詞＋not〉の短縮形があり，will not は won't，should not は shouldn't，must not は mustn't と短縮形にしますが，皆さんはおそらく may not の短縮形 mayn't という形をご覧になったことはないでしょう。mayn't も標準的な表現ではなく，イギリスの地方で使われる程度です。

2 money（お金）や homework（宿題）は，なぜ数えられないの？

　通例，英語の名詞は数えられる名詞（可算名詞）と数えられない名詞（不可算名詞）とに分けられます。これは日本語にはない概念です。ですから，英語には数えられる名詞と数えられない名詞との区別があって，money（お金）や homework（宿題）は数えられない名詞に分類されると聞いて不思議に思うのは無理もありません。

　英語の数えられる名詞と数えられない名詞との違いについて簡単に説明しましょう。数えられる名詞になるものには，しっかりとした形があり，手で握ることのできるものが多く，それ以外の場合でも，境界線がはっきりしているものが多いのが主な特徴です。その反対に，数えられない名詞になるものは，手では触れられない概念などが多いと言えます。違いがよくわからないという方のために，次のような質問を用意してみました。

　「千円は何枚ですか？」

　この質問に，「1枚」と答える方もおられるかもしれません。しかし，同じ「千円」でも，百円玉では10枚，十円玉では100枚です。つまり，「千円」というものに対して，決まった枚数は存在しません。そもそも，money（お金）は「価値」を意味するものであるため，具体的に個数を数えることはできないのです。ところが，bill（お札）や coin（硬貨）は，実際に手にとって枚数を数えられるものですから，数えられる名詞になるのです。

次の質問についても考えてみましょう。

「今日出された宿題を指さしてください」

そう言われて指でさすものは，おそらく textbook（教科書）でしょう。教科書自体は数えられますが，宿題というものは教科書そのものではなく，その教科書の練習問題を家で解いてくるという行為を意味します。したがって，homework も数えられない名詞なのです。

不可算名詞の代表の一つ，furniture（家具）に関しても，同じ考え方で理解できます。wardrobe（たんす），desk（机），chair（いす）など，個々の家具をあらわす名詞は，数えられる名詞ですが，それらの集合である「家具」そのものが存在するわけではないので，furniture は数えられない名詞となります。ちなみに，日本語では家具1点と数えたりします。

その他の例として，英語では不可算名詞とされる information「情報」も，ドイツ語では単数をあらわす die Information（ディー インフォルマティオーン），複数をあらわす Informationen（インフォルマティオーネン）があるように，言語において可算名詞であるか不可算名詞であるかは普遍的ではないようです。

話を元に戻しますが，数えられない名詞（不可算名詞）には，「一つ」を意味する a/an や，複数をあらわす語末の s は付きません。

3 It is difficult that we study English. とは、なぜ言えないの？

学校ではしばしば〈It is 形容詞 for A to do〉を機械的に〈It is 形容詞 that 節〉に書き換える練習をします。

① It is important for us to study English.
⇒ It is important that we (should) study English.
（私たちが英語を勉強することは重要なことです）

しかし，どの文においても that 節への書き換えが可能であるというわけではありません。

② ○ It is difficult for us | to study English.
　　［| は休止 (pause) を示す］
　× It is difficult that we study English.
　（英語を勉強することは私たちにとって難しいことです）

さらに，次の例文をご覧ください。

③ ○ For us to study English is important.

④ ○ To study English is difficult for us.

すなわち，難しいのは"英語を勉強する"という「行為」であって，"私たちが英語を勉強すること"という「命題」ではな

いということです。

　これを言い換えれば，形容詞 difficult を使った例文での場合，for A は不定詞よりも形容詞との結び付きが強いため，important のように不定詞の意味上の主語として働くことができないということです。つまり，何かをするという"行為"に対しては"難しい"と判断はできても，主語が何々であるという"命題"に対しては"大切である"とか，"不思議である"とか言えても，"難しい"とは言えないということです。

　このように〈is 形容詞 that 節〉をとることのできない形容詞としては，難易をあらわす easy や difficult を例として挙げることができます。hard は「難しい」という意味で使われる場合は that 節をとることができませんが，「つらい」という感情の意味をあらわす場合には，次の例文のように that 節をとることができます。

⑤ It is hard that my little darling should love him more than me.
　（いとしの我が子が私よりも彼を愛しているなんてつらい）

4 I like apples better than oranges. の better の原級は？

　形容詞または副詞の語末に er を付けると比較級になり，est を付けると最上級になるというのが比較変化の基本です。しかし，形容詞 good (よい) と，副詞 well (上手に) の比較変化は不規則であり，good も well も比較級が better，最上級が best になるということは皆さんもご存じだと思います。

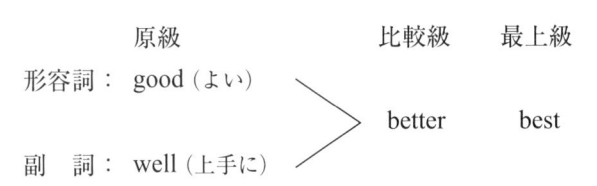

	原級	比較級	最上級
形容詞：	good (よい)	better	best
副　詞：	well (上手に)		

　ところで，better と best の原級が good と well 以外にもあるのをご存じでしょうか。実は，次の例文①の better の原級は good でも well でもないのです。

① I like apples better than oranges.
　(私はオレンジよりもリンゴの方が好きです)

　例文①の better は文中の位置から考えて副詞だとわかりますが，それを well (上手に) とすると意味が通りません。次のように原級にしてみるとよくわかるでしょう。

② ✕ I like apples well. (私は上手にリンゴが好きです)

それでは，次のように，例文①を原級の文に変えてみた場合，☐にあてはまる表現として何がふさわしいか考えてみてください。

③ I like apples ☐．
　（私はリンゴが☐好きです）

もうおわかりですね。そう，答えは very much です。〈like 〜 better than ...〉「...よりも〜が好きである」の better の原級は very much です。同じく〈like 〜 best〉「〜が一番好きである」の best の原級も very much です。very much の比較級が better，最上級が best ということは意外に知られていないようです。これはおそらく，英語を学習する際に〈Which do you like better, A or B?〉「A と B のどちらが好きですか」などの構文の一部として better や best を覚えるため，これらの better や best の原級が very much であるということに注意が払われていないからでしょう。

「私はオレンジよりもリンゴの方が好きです」を英語にするとき，次のような間違いを見かけることがあります。

④ × I like better apples than oranges.

原級で表現してみるとわかるように，「私はリンゴがとても好きです」を，I like very much apples. とは言えません。better の原級が very much だとわかっていれば，例文④のような語順の間違いをすることも少なくなるでしょう。

5 〈as 〜 as ...〉構文の"〜"には，形容詞や副詞以外も入るの？

　中学の教科書などでは，同等比較をあらわす構文〈as 〜 as ...〉「...と同じくらい〜」を，形容詞や副詞を使った例文で習います。

同等比較の構文〈as 〜 as ...〉「...と同じくらい〜」

　形容詞： This question is as difficult as that one.
　　　　　（この問題はあの問題と同じくらい難しい）

　副　詞： I can run as fast as Taro.
　　　　　（私は太郎と同じくらい速く走ることができる）

　しかし，〈as 〜 as ...〉構文のasとasの間には，名詞が入ることもあります。ただし，その場合には，asとasの間に入るものは，比べるものどうしの程度，つまり尺度をあらわす表現であることに注意しましょう。

　①I have as many books as Hanako.
　　（私は花子と同じくらいの冊数の本を持っている）

　もちろん，例文①は，私も花子も本好きで本を何百冊も持っているという意味ではありません。たとえ私も花子もそれぞれ2, 3冊しか本を持っていないとしても，ともかく2人の持っている本の数が同じくらいということを意味しています。した

がって，many books は「たくさんの本」ではなく，「本の冊数」という「程度」をあらわしていることに注意してください。

ところで，⟨as ～ as ...⟩構文の as と as の間に名詞を入れる場合，語順にも気を付けなければいけません。

② × I have books as many as Hanako.

間違えやすい例なのですが，「私は本をたくさん持っている」を I have books many. と言わないのと同様に，上の例文②のように名詞 books のあとに形容詞 many を置くことはできません。

もう一つ，間違えやすい例として，次の例文を見てください。

③ × I have as many as books Hanako.

⟨as ～ as ...⟩の 2 番目の as は前置詞（または接続詞）ですから，そのあとに books と Hanako という名詞を 2 つ続けて置くことは構文上できません（あとに名詞を 2 つ続けて置くことができるのは第 4 文型 SVO_1O_2 をとる動詞だけです）。また，例文③のように，⟨as ～ as ...⟩の as と as の間に入れるのが many だけでは何の尺度についての比較なのかわかりません。したがって，as と as の間に入れるのは，何の尺度であるのかをあらわす，many books「本の冊数」というひとかたまりの表現でなければならないのです。

6 比較級+than any other ～（他のどの～よりも…）の"～"には，なぜ複数名詞は来ないの？

　比較級「〜よりも…」を使って最上級「一番…」と同じ意味をあらわす構文の代表として，〈比較級 + than any other A〉「他のどの A よりも…」という構文があります。

①最上級

　Taro is the tallest student in this class.

　（太郎はこのクラスで一番背が高い生徒です）

⇩

②比較級

　Taro is taller than any other student in this class.

　（太郎はこのクラスの他のどの生徒よりも背が高いです）

　さて，多くの辞書や文法書によると，〈比較級 + than any other A〉の構文において，A の部分には単数名詞が来なければならないとされます。単数名詞か複数名詞かの違いは日本語訳には反映されないため，どうして複数名詞を使ってはいけないの？！という気持ちになりますよね。しかし，A に単数名詞が来なければならないのにはきちんとした理由があります。比較構文の基本に戻って考えてみましょう。例えば，「スイカを食べるよりもアメリカに行きたい」という日本語は，何となく言っていることはわかりますが，変な感じがします。それは，「スイカを食べること」と「アメリカに行くこと」は，それぞれ種類の違う行為なので，そもそも比較ということが成り立たな

いからです。比較構文においては，比べられるものどうしは必ず"同じ種類に分類される"ものでなければなりません。

例文②では，太郎と比べられるのは他の生徒，つまり，太郎と同様に"人"であることが必要です。さらに，太郎は"1人"ですから，比べられる相手も"1人"でなければなりません。太郎は1人なのに，比べる相手が2人以上だったらフェアではない（？！）でしょう。このように，比較においては比べられるものどうしの"数"も重要なのです。

それでは，もし比べられるものが複数名詞どうしだったら，〈比較級 + than any other A〉構文のAは複数名詞になるの？と思われるかもしれません。そうです。比べられるものが複数名詞どうしなら，〈比較級 + than any other〉のあとには複数名詞が来ます。例えば，次の例文③を見てください。

③ The boys in the band looked better than any other boys in the world.
（そのバンドの男の子たちは世界中のどの男の子たちよりもかっこよく見えた）

例文③では，The boys in the band（そのバンドの男の子たち）という主語が複数形であるため，比べられる any other boys in the world（世界中のどの男の子たち）も，やはり複数形になります。もっとも，例文③のように，〈比較級 + than any other A〉構文で複数名詞を使う英文はあまり多くありません。なぜなら，この構文は，形は比較級でも「一番…」という最上級の意味を持つ構文ですので，「一番…」と言った場合は1人や1つと単数であることが普通だからです。

7 最上級でも the を付けないときってどんな場合？

比較表現の最上級は,「一番…」という意味から対象が一つに限定されるため, 形容詞や副詞の最上級に定冠詞 the を付けます。

the＋最上級

形容詞： Mt. Fuji is the <u>highest</u> in Japan.
(富士山は日本で一番高い)
highest — 形容詞 high (高い) の最上級

副　詞： Taro runs (the) <u>fastest</u> in our class.
(太郎はクラスで一番速く走る)
fastest — 副詞 fast (速く) の最上級

副詞の最上級では the が省略されることがありますが, その理由は, もともと定冠詞 the は名詞に付けられるものだからです。これに対し, 形容詞の場合にはあとに名詞が省略されていると考えられるため, the が省略されるのは副詞よりも少ないようです。

形容詞の場合は名詞が省略されていると考えられる

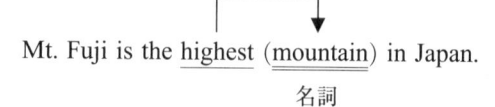

Mt. Fuji is the <u>highest</u> (<u>mountain</u>) in Japan.
　　　　　　　　　　　　　　　名詞

ところで，同一の人や物の性質を比較する場合の形容詞の最上級には the を付けないという，一見難しそうな用法もあります。しかし，これも基本的な考え方は同じです。形容詞のあとに名詞が来る場合には，the を省略することは少なく，逆に，形容詞のあとに名詞が来ない場合には，the が省略されることはよくあります。形容詞のあとに名詞が来る，来ないとはどういうことなのか，それは次に述べる形容詞の 2 つの用法に関係しています。

　形容詞には主に 2 種類の用法があります。限定用法と叙述用法です。限定用法とは，形容詞があとの名詞を修飾する用法であり，叙述用法とは，形容詞が C（補語）になっている用法のことです。例文を使って具体的に示すと次のようになります。

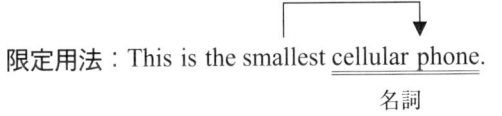

限定用法：This is the smallest cellular phone.
　　　　　　　　　　　　　　　　　　　　名詞
（これは一番小さい携帯電話である）

叙述用法：This cellular phone is (the) smallest.
　　　　　　　　S　　　　　　V　　　　C
（この携帯電話が一番小さいです）

　上に述べた形容詞の 2 つの用法についての基礎知識があれば，一見まぎらわしい最上級の用法「同一の人や物の性質を比較する場合の形容詞の最上級には the を付けない」も，簡単に理解できるはずです。ただし，アメリカ英語では，同一の人や物の性質を比較する場合の形容詞の最上級であっても，the が

使われることがあります。この場合の the の品詞は，冠詞ではなく副詞です。

① <u>Hanako</u> <u>looks</u> <u>happiest</u> when she is with Taro.
　　S　　　V　　　C

（花子は太郎と一緒にいるときが一番幸せそうだ）

　形容詞に the が付くときは，あくまであとに名詞があるという考え方が基本です。上の文では最上級の形容詞 happiest が使われていますが，この文はもともと Hanako looks happy「花子は幸せそうだ」という形容詞の叙述用法を使った第2文型の文です。したがって，形容詞 happiest のあとには名詞がないと考えられますから，the は使わないということになります。
　また，上の例と同じように，最上級の形容詞でも the が使われない傾向にあるものとして，形式主語 it を使った〈it is ＋最上級の形容詞＋ to do〉「…するのは一番〜である」という形があります。

② Sometimes it is best to leave Hanako alone.

（時には花子を一人にしておいてあげることが一番いいんだよ）

　上の例文も，もともとは，Sometimes it is good to leave Hanako alone.「時には花子を一人にしておいてあげることがよい」であり，形容詞 good を叙述用法で使っています。したがって，この文も，あとに名詞の来ない形容詞の最上級には the を付けないという原則によって理解することができます。
　次の例文の場合にも，先ほどの例のように，the が付かない

理由は，ネイティブスピーカーの頭の中では最上級の形容詞の後ろには名詞がないという意識がはたらいて，叙述用法としてとらえているからなのです。

③ This road is widest here.
　（この道路はここが一番幅が広いです）

　上の英文の例では，widest の後ろにあてはまるべき適当な名詞がないということです。This road is the widest road here.「この道路はここが一番幅が広い道路です」としても，冗長な文になり，できる限り簡素化して表現するという傾向にある言葉の本質には合わないからです。

8 I sent Tokyo a letter.「私は東京に手紙を送った」は,なぜおかしな文なの?

　第4文型〈S(主語)+V(動詞)+O₁(目的語)+O₂(目的語)〉の文では,2つの目的語 O₁ と O₂ の間に,下の図で示すような意味上の関係が成り立ちます。

```
S  V  O₁  O₂
      ‾‾‾‾‾‾
      O₁ has O₂   ← 意味上の関係
```

例文を使って具体的に見ていきましょう。

①I sent Hanako a letter.(私は花子に手紙を送った)

　例文①で表現される状況において,花子はもう手紙を手にしているか,それとも,まだ手紙を手にしていないか,皆さんはどちらだと思いますか。例文①に,第4文型の O₁ と O₂ との間に成り立つ意味上の関係をあてはめてみると,次のようになります。

②I sent ┌─O₁─┐┌─O₂──┐
　S V │Hanako││a letter│.
　　　　 └────┘└─────┘
　　　　 ‾‾‾‾‾‾‾‾‾‾‾‾‾‾‾‾
　　　　 Hanako has a letter ← 意味上の関係

日本語訳だけではわかりにくいのですが,上の②に図で示し

たように，第4文型の O_1 と O_2 の意味上の関係から考えると，例文①が言おうとしているのは，「私が手紙を送り，花子がすでに手紙を受け取っている」という状況であることがわかります。

これで，どうして I sent Tokyo a letter. という英文が間違いとなるのかわかりますね。

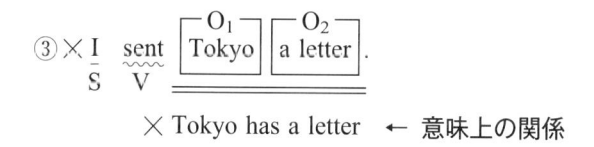

③ ×I sent [O_1 Tokyo] [O_2 a letter].
　　S　V

　× Tokyo has a letter　← 意味上の関係

③の図で示したように，O_1 と O_2 の部分が Tokyo has a letter. 「東京は手紙を持っています」という意味上の関係になってしまうので，I sent Tokyo a letter. はおかしな表現なのです。「私は東京に手紙を送った」を正しい英文で表現するには，第4文型ではなく，第3文型〈S（主語）＋V（動詞）＋O（目的語）〉にしてあげればよいのです。

④ I sent a letter to Tokyo.（私は東京に手紙を送った）
　S　V　　O

例文④のように，到着場所をあらわす前置詞 to を使えば，手紙を東京という場所に送ったことを第3文型で表現できるのです。

発展 I gave Hanako it. は，なぜおかしな文なの？

第4文型，つまり，目的語を2つ（O_1とO_2）並べた文を，二重目的語構文と言います。二重目的語の文を話したり書いたりするときには，次の例文のような間違いをしないよう注意する必要があります。

⑤ × I gave Hanako it.　（私は花子にそれをあげた）
　　 S V　 O_1　 O_2

例文⑤は文法的に正しくありません。その理由は英語特有の文構造にあります。英語には，強調したいものや新しい情報は文の後ろの方に置かなければならないという決まりがあります（これを「文末焦点原理」と言います）。

例文⑤では it「それ」という代名詞が使われていますが，代名詞というものは，前に出てきた名詞の代わりをするものであり，すでに知られている古い情報であると言えます。したがって，古い情報である代名詞 it を文末に置くことはできないのです。⑤を正しい英文に改めると次のようになります。

⑥ ○ I gave it to Hanako.　（私は花子にそれをあげた）
　　 S V　 O

しかし，同じ代名詞でも that「あれ」なら文末に置くことができます。

⑦ ○ I gave Hanako that. （私は花子にあれをあげたんだ）
　　S　V　　O₁　　O₂

　どちらも代名詞なのに，it は二重目的語構文では使えず，that は二重目的語構文でも使えるというのは不思議なことですね。これは，代名詞 it と that の性質の違いによるものなのです。it は人称代名詞で何かを受けるはたらきをし，that は指示代名詞なので何かを指し示すはたらきをします。that は，例えば「あれを見てごらん」「あれを取ってきて」など，that があらわすものを指で指し示せる場合（指で指し示せるということを「対象性」と言います）に使われる語です。このような対象性を持つ that は，代名詞とは言っても，it とは違い，アクセントを置いて発音したり，文末に持って来て強調したりすることができます。that は，it のように代名詞になりきれていない，"準代名詞" なのです。

　that が準代名詞であるということは，次のような現象が起きることから説明できます。

⑧ Hanako: Taro is my kind of boy, but he has a girlfriend. How can I find that type of boy?
　　　　　（太郎は私のタイプだけど，彼女がいるから。どうやったらあのタイプの男の子が見つかるのかな）

　Keiko: Well, that's the problem, isn't it?

　　（そうか，それが問題なんだよね）

付加疑問文（正確に言うと肯定文に対する付加疑問文）は，

〈..., 否定の短縮形＋代名詞？〉になるのですが，⑧の会話文では，主語 that「それ」を代名詞 it で受けて付加疑問文にしています。that が真の代名詞なら，他の代名詞に置きかえることはできないはずですが，⑧に示したように，that を it で受けることができるのは，that が真の代名詞になりきっていないからであると考えることもできます。

9 want+A+to do (A に〜してほしいと思う) は第何文型なの？

不定詞 (to + 動詞の原形) を使った構文〈want + A + to do〉「A に〜してほしいと思う」を皆さんはご存じだと思います。ところで，この〈want + A + to do〉という構文は第何文型に分類されるのでしょうか。いろいろな考え方があると思いますが，おそらく「第 5 文型」と答える人が多いのではないかと思います。確かに〈want + A + to do〉は，典型的な第 5 文型の構文，例えば〈make + A + B〉「A を B にする」と似ているところがあるように見えます。

① I want you to be a great athlete.
   S V   O   C (! ?)

（私は君に偉大な運動選手になってほしいと思っている）

② The training made you a great athlete.
        S   V O   C

（そのトレーニングが君を偉大な運動選手にしたのだ）

第 5 文型〈S (主語) + V (動詞) + O (目的語) + C (補語)〉では O = C という関係が成り立ちます。もう少し正確に言うと，〈O + be 動詞 + C〉「O は C だ」という文を作ることができます。例えば，上の②は第 5 文型の文ですが，you (君) = a great athlete (偉大な運動選手) の関係が成り立っており，また，you と a great athlete を be 動詞でつないで，You are a great athlete.

「君は偉大な運動選手だ」という文を作ることが可能です。例文①は〈want + A + to do〉を使った文ですが，第5文型と同じように，you（君）= a great athlete（偉大な運動選手）であり，You are a great athlete.「君は偉大な運動選手だ」という文を作ることができます。このように，第5文型と〈want + A + to do〉には共通点があると言えるでしょう。

　しかし，この考え方には弱点があります。〈want + A + to do〉の to のあとの動詞が，be 動詞ではなく一般動詞の場合，O = C の関係が成り立たず，さらに正確に言えば〈O + be 動詞 + C〉「O は C だ」という文を作ることができないということです。

③ He wants [you to call him later].
　　S　V　　O　　　　C̸

　　（彼は君にあとで電話してほしいと思っているよ）

　例文③では，to のあとに call「電話をする」という一般動詞が来ています。このような場合，you（君）= call him later（彼にあとで電話する）という関係が成り立っているとは言えません。より正確に言えば，you と call him later を be 動詞でつないで，(×) You are call him later. という文を作ることは不可能です。このように，〈want + A + to do〉を第5文型と考えると，どうしてもつじつまの合わない場合が出てくるのです。

　〈want + A + to do〉の to からあとを第5文型の C（補語）とみなすことには無理があるようです。どうやら，〈want + A + to do〉の A を「主語」，to のあとを補語ではなく「述語（動詞）」と考える方が自然なのではないでしょうか。実際，例文①の you を「主語」，to からあとを「述語」として You are a great athlete.

という文を作ることが可能ですし，同じように，例文③でも You call him later. という文を作ることが可能です。

　このように，Aを「主語」，toからあとを「述語」と考えるなら，wantのあとには一つの「文」があるとみなすことができます。次の例文④，⑤の［　］の部分が，ちょうどその「文」に当たります。

④ I　want　[you to be a great athlete].
　S　　V　　O [S′　V′　　C′]

（私は君に偉大な運動選手になってほしいと思っている）

⑤ He　wants　[you to call him later].
　S　　V　　O [S′　V′　O′]

（彼は君にあとで電話してほしいと思っているよ）

　さて，上の例文④，⑤の［　］の部分ですが，これらは両方とも意味の上では動詞wantのO（目的語）だと言えます。例えば④を見てみましょう。④の意味を考えた場合，主語のI（私）がwant（ほしいと思っている）のは，wantの直後に来るyou（君）ではなく，むしろ，［　］の部分全体，つまり「君が偉大な運動選手になること」ですよね。このように，〈want＋A＋to do〉では，A＋to doの部分を，「主語」と「述語」からなる一つの「文」，言いかえれば一種の「節」と考えた方が，つじつまが合います。そうすると，A＋to doという「節」がwantのO（目的語）であり，〈want＋A＋to do〉は，第3文型〈S（主語）＋V（動詞）＋O（目的語）〉であるとみなすことができるでしょう。次の例文⑥をご覧ください。

⑥ I　want　[you to be a great athlete].
　S　 V　　　　　　O
　　　　　　　　　⇑
　　　　　　　[　]を一種の節とみなす

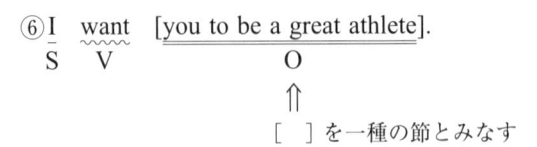

（私は君に偉大な運動選手になってほしいと思っている）

　以上のような理由から，「〈want＋A＋to do〉は第何文型ですか？」という問いに対しては，「第3文型です」と答えることができます。

　ところで，〈want＋A＋to do〉と同じように，A＋to do を一種の「節」とみなすことによって第3文型に分類できる動詞は他にもあります。believe（信じる）がその一つです。

⑦ I　believe　[you to be kind].
　S　　V　　　　　O

（私はあなたが親切な方であると信じています）

　例文⑦の[　]の部分，you to be kind は，やはり O（目的語）だと理解できます。これは，次の⑧のように you to be kind を it に置きかえても文が成り立つということからもはっきりします。

⑧ I　believe　[you to be kind].
　　　　　　　⇓
　　　　　[　　it　　]
　　　　　　　O

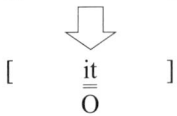

（私はそう[あなたが親切な方]であると信じています）

このように，〈believe + A + to be ～〉「A が～だと信じている」も，〈want + A + to do〉と同様に，第 3 文型とみなす方が自然でしょう。

　〈want + A + to do〉の文型について，いろいろと説明してきましたが，一つの構文が第何文型に分類されるのかを無理に決める必要はないのかもしれません。文型を学ぶことの利点は，日本語とは全く違う英語の文構造を理解する上での目安になるということです。例えば，主語のあとには動詞が来るということや，その動詞のあとにはどのような形が来るのかということを理解する上で，文型の知識は大きな助けになります。しかし，〈want + A + to do〉の場合，動詞 want は that 節を O（目的語）として〈want that ～〉「～ということを望む」という形に基本的にはできませんが，不定詞を使って〈want + A + to do〉「A に～してほしいと思う」という形にならできる，ということさえ押さえていれば，英語を話したり書いたりするのに何ら差し支えはないでしょう。

　ここで一つ，面白いお話を紹介しましょう。次の例文は第何文型だと皆さんはお考えになりますか。

⑨ He can tell.（彼にはわかる）

　きっと皆さんは，He（彼）が S（主語），can tell（わかる）が V（動詞）で，第 1 文型〈S + V〉と解答されるのではないかと思いますが，5 文型の生みの親であるアニアンズ（Onions）という学者は，意外にもこの文を，第 3 文型であるとしています。アニアンズは，例文⑨の He を S（主語），can（know how to do が原義）を動詞（V），tell を目的語（O）と考えるのです。この

ように，今の5文型のもとになった考え方も，初めの頃にはずいぶん直観的であり，人によっても，とらえ方が違うのだということがわかります。

　文型を学ばなくていいということはありませんが，文型はあくまでも英語を理解しやすくする手段の一つです。大切なのは，文型など基本となる知識を柔軟に駆使して英語を身に付けていくことではないかと思います。

10 why to do という表現は，なぜないの？

　不定詞（to＋動詞の原形）を使った表現に，〈疑問詞＋不定詞〉「（疑問詞の意味）＋〜すべきか」というものがあります。次の例文①でその使い方をおさらいしておきましょう。

①Would you tell me which book to choose?
　（どの本を選ぶべきか私に教えていただけませんか）

　〈疑問詞＋不定詞〉の形にできる疑問詞は以下の通りです。

〈疑問詞＋不定詞〉の形にできる主な疑問詞とその訳
　what to do（何をすべきか）
　which to do（どちらをすべきか）
　when to do（いつすべきか）
　where to do（どこですべきか）
　how to do（どのようにすべきか）

　上でご覧いただいたように，〈疑問詞＋不定詞〉の形にできる疑問詞は，what（何），which（どちら），when（いつ），where（どこ），how（どのように）などですが，不思議なことに，why（なぜ）がありません。5W1H の代表格の一つとも言える疑問詞 why（なぜ）を，〈疑問詞＋不定詞〉にすることができないのは，どうしてなのでしょうか。
　その理由は〈疑問詞＋不定詞〉の意味にあります。日本語訳

を見てわかるように,疑問詞のあとの不定詞は,「〜すべき」という助動詞 should と同じ意味になっています。

〈疑問詞 + 不定詞〉という表現は,一般に,「何かを実行しなくては」という積極性をあらわしています。「どの本を選ぶべきなの」,「どこで本を選ぶべきなの」,「どのように本を選ぶべきなの」などは全部「本を選ばなくては」という積極的な姿勢が出ている表現です。

ここで,〈why + 不定詞〉「なぜ〜すべきか」を使った表現があると仮定してみましょう。「なぜ本を選ぶべきなの」—どうですか?まるで「本なんか選びたくないよ」,「どうしてそんなことしなくてはいけないの」とでも言いたそうな消極的な表現になってしまいますよね。もし仮に〈why + 不定詞〉があるとすれば,一般的な〈疑問詞 + 不定詞〉とは正反対に,消極的な性格の表現になってしまうのです。このような理由から,why は〈疑問詞 + 不定詞〉と相性がよくないのです。

> 発展 「誰が行くべきか」を who to go とするのは,なぜおかしいの?

実は,why の他にもう一つ,〈疑問詞 + 不定詞〉にすると文法的に間違いとなる場合のある疑問詞があります。それは疑問詞 who (誰が) です。日本語の感覚では「誰がすべきか」は正しいようですが,who to do という形を使うことができない場合があります。

② × I don't know who to go.
　　（誰が行くべきかわかりません）

例文②が間違っているのは，who が「誰が」という主語のはたらきをしているからです。これを図で示したものが下の③です。

③ × I don't know [who] to go.
　　S　　V　　　　S′　　V′

　　（誰が行くべきかわかりません）

同じ who でも主語のはたらきをしていなければ，〈疑問詞＋不定詞〉にすることができます。

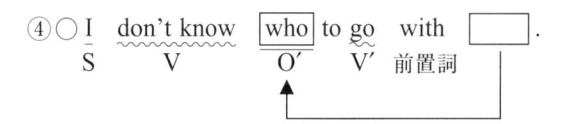

④ ○ I　don't know　[who] to go　with　□．
　　S　　V　　　　　O′　　V′　前置詞

　　（誰と一緒に行けばよいのかわかりません）

上の例文④の場合，who は主語ではなく，前置詞 with（一緒に）の目的語のはたらきをしているので，〈疑問詞＋不定詞〉の形にすることができるのです。

ではなぜ who が主語のはたらきをする場合には，文法的に認められない文になるのでしょうか。それは，疑問詞が従える不定詞の直前には主語がもともと存在し，次の例文のように be to 不定詞構文であったからなのです。

もともとの文

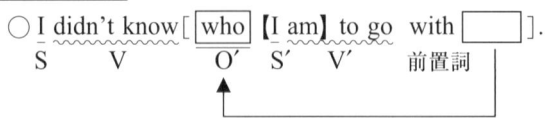

○ I didn't know [who 【I am】 to go with ___].
　S　　V　　　　O'　　S'　　V'　　前置詞

※【 】は省略された箇所をあらわします。

　節の中にある主語が主文の主語と一致しているため省略され，主語が省略されたことによって動詞も不要となり，be も省略されます。結果的に現在の形で使われるようになったと考えられます。つまり，省略されたとは言っても，もともと who の後ろには be to 不定詞構文の主語が存在しているという認識がネイティブスピーカーの頭の中にはあるため，who が主語の働きをすると仮定した場合，1つの動詞 (例文では go) に 2 つの主語が存在していることになり，文法的には認められない文となるのです。

who が主語の働きをしていると仮定した文

× I don't know [who 【I am】 to go].
　S　　V　　　　 X̸　　S'　　V'

第3章 英語の形の不思議　147

11 It is careless of you to ～「～するとは君は不注意だ」のように，なぜ性格をあらわす形容詞のあとでは不定詞の意味上の主語は〈of＋人〉という形になるの？

　皆さんは学校などで不定詞 (to＋動詞の原形) を学んだとき，次のような表現に出会ったと思います。少し復習してみましょう。

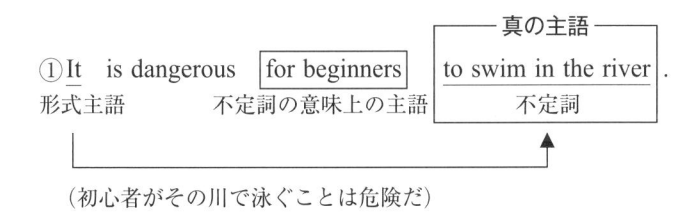

　　　　　　　　　　　　　　　　　　　　　　　── 真の主語 ──
① It　is dangerous　│for beginners│　│to swim in the river│．
形式主語　　　　　　不定詞の意味上の主語　　　　　不定詞

（初心者がその川で泳ぐことは危険だ）

　例文①の It は形式主語と言い，日本語には訳しません。この文の真の主語は不定詞 to swim in the river (その川で泳ぐこと) です。さて，この文の for beginners (初心者が) という表現は，誰が不定詞であらわされている「その川で泳ぐ」という行為を行うのかということを示しています。このように，誰が不定詞の行為を行うのかを示すために使われる表現を「不定詞の意味上の主語」と言います。不定詞の意味上の主語は，一般に〈for＋人〉という形で表現されます。

　ところで，次の例文を見てください。

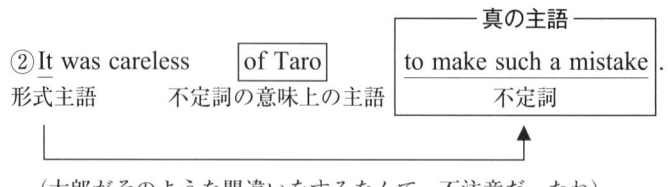

②It was careless | of Taro | to make such a mistake .
形式主語　　　　　不定詞の意味上の主語　　真の主語 / 不定詞

（太郎がそのような間違いをするなんて，不注意だったね）

　例文②の It も形式主語であり，真の主語は不定詞 to make such a mistake（そのような間違いをすること）です。そして，この不定詞の意味上の主語，つまり，誰が「そのような間違いをする」という行為をしたのかを示しているのは，of Taro（太郎が）という表現です。このように，例文②では，不定詞の意味上の主語をあらわすために〈of＋人〉という形が使われています。どちらも不定詞の意味上の主語であるのに，例文①では〈for＋人〉が使われ，例文②では〈of＋人〉が使われるのは，なぜなのでしょうか。

　学校では次のように習ったと思います。通常，不定詞の意味上の主語は〈for＋人〉であらわしますが，It is のあとに careless（不注意だ），clever（賢い），kind（親切だ）など，人の性格をあらわす形容詞が使われている場合には，意味上の主語は〈of＋人〉になります。それでは，人の性格をあらわす形容詞が使われている場合には，なぜ意味上の主語は〈of＋人〉で表現されるのでしょうか。その理由は，前置詞 of の基本的なイメージにあります。

of のイメージ

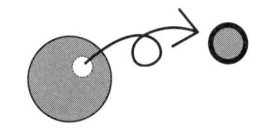

　前置詞 of は一部分が外に出てくる感じのイメージですが，言いかえれば，A of B のように使われる場合，A はもともと B に備わっているものとも言えます。英語の of のイメージを理解するために，例文③の（　）に，次の a, b どちらの単語がぴったりあてはまるのかを考えてみましょう。日本語訳では，a, b 両方とも「の」であり区別されてはいない点に着目してください。

③ the (　　) of the bottle
　a.　◯ bottom　（ボトルの底）
　b.　△ label　（ボトルのラベル）

③a のように，bottom は本来 bottle に備わっているものですから the bottom of the bottle と言うことができます。しかし，b の label は bottle の表面に外から貼り付けられたものですから，of よりも on を使う方が，英語としてはより自然となります。同じように，「部屋の明かり」と英語で言う場合も，明かりはもともと部屋に備わっている一部と考えるよりも，部屋という空間の中に存在しているとイメージする方が普通ですので，the light of the room よりも the light in the room とする方が自然です。ここから，日本語の「〜の」がすべて英語の前置詞 of で表現できるわけではないことがわかります。

ここで，もう一度，例文②を見てみましょう。「不注意だ」という判断をしているのは，文の話し手です。例文②が話されている状況において，話し手は，「そのような間違いをする」という「太郎」の行為を根拠にして，「不注意だ」という判断をしています。「そのような間違いをする」という行為は，「太郎」の性格など内面的な部分から出てきたものと言えます。したがって，人の性格をあらわす形容詞のあとでは，不定詞の意味上の主語をあらわすのに前置詞 of が使われるのです。

　ここまで，"不定詞の意味上の主語をあらわす〈of＋人〉"という言葉を使ってきましたが，実は，この〈of＋人〉は，厳密に言うと不定詞の意味上の主語ではないのです。〈of＋人〉が不定詞の意味上の主語ではないということは，文を区切る場所を考えてみるとよくわかります。

　④It was wrong | for you to hit him.　[| は休止 (pause) を示す]
　　（君が彼を殴ったことは悪い）

　前置詞 for を使った場合，wrong の後ろにポーズが置かれます。つまり，for you to hit him の部分が切り離されずに，きちんと主語・述語の関係になっているので，前置詞 for が不定詞の意味上の主語と言えます。

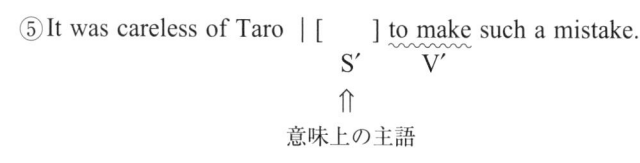

⑤ It was careless of Taro | [　] to make such a mistake.
　　　　　　　　　　　S′　　 V′
　　　　　　　　　　　　⇑
　　　　　　　　　　意味上の主語

(太郎がそのような間違いをするなんて，不注意だったね)

　一方⑤の例文は，不定詞の前でポーズが置かれています。ネイティブスピーカーも of Taro が不定詞の意味上の主語と考えているようですが，このポーズの置かれている箇所が，不定詞の意味上の主語と仮定されている of Taro と不定詞を引き裂いていることから，主語・述語の関係ではないということが証明できます。それでは，「不定詞の意味上の主語はどこへ行ったの？」ということになりますが，文脈上 Taro であることは明確なため，省略されていると考えるのです。

　もう少し簡単にしてみましょう。

⑥ It was careless of Taro to make such a mistake.
　⇒ Taro is careless [　] to make such a mistake.

　[　] には不定詞の意味上の主語 for Taro が存在していると仮定されますが，文の主語と同じなので省略されています。不定詞 to make の前には意味上の主語が存在していることが，このように文を書きかえてみるとわかってきます。

　〈of＋人〉が不定詞の意味上の主語ではないということについて，もう一つ証拠をお見せしましょう。

⑦ A: I helped Taro with his work yesterday.
　　（昨日太郎の仕事を手伝ってあげたんだよ）
　 B: That was kind of you.
　　（それは君，親切だったね）

⑦の例文においては，That が指す内容は太郎を手伝ってあげたことであり，of you を使っているにもかかわらず，不定詞がなく，事足りていることからも，of は不定詞の意味上の主語ではないことがわかります。

発展 a friend of me は，なぜ間違いなの？

次の例文⑧のような前置詞 of の用法について，皆さんは疑問を持ったことはないでしょうか。

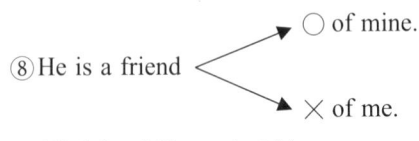

⑧ He is a friend ○ of mine.
　　　　　　　　 × of me.

（彼は私の友達の1人です）

なぜ「私の友達の1人」という表現を a friend of me にすると間違いなのか，もうおわかりですね。a friend of me にすると，me「私」の身体の中（？）から出てきた友達という意味になってしまうからです。

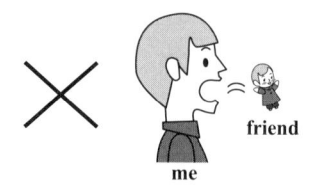

「私の友達の中の1人」ということを言うためには、所有代名詞 mine (私のもの) を使って、a friend of mine (私のもの [私の友達] の中の1人) とします。

「中に入っていたものが外へ出てくる」という of のイメージを応用すれば、次のような少し難しい第4文型から第3文型への書きかえも理解できるでしょう。

第4文型： S ask O₁ O₂　　(O₁ に O₂ を頼む)
　　　　　　　　⇕
第3文型： S ask O₂ of O₁　(O₁ に O₂ を頼む)

give (与える) や buy (買う) といった動詞では第4文型から第3文型に書きかえた場合、前置詞 to か for を使います。しかし、ask (頼む) を第4文型から第3文型に書きかえた場合、to や for ではなく of を使います。

⑨ May I ask a favor of you?
　　(あなたにお願いをしてもいいですか)

例文⑨のような ask を使った第3文型の文において、日本語では「あなたに」と訳される表現が *of* you になるのを不思議に思われたことがあるかもしれませんが、これも、of の基本イ

メージから考えれば何でもありません。例文⑨において, a favor（好意）とは you（あなた）の心や人格といった内面的な部分から引き出されるものだからです。

文法の教科書などでは，通常，相手に名前を尋ねるときなどには次のような表現を使わないとされます。

⑩ × Ask his name of him.（彼に名前を聞いて）

通常は例文⑩が言えない理由も，皆さんならもうおわかりですね。of を用いると，his name（彼の名前）が him（彼）の中から出てくるというイメージになり，おかしな文になります。なぜなら，普通，人の「名前」は，「好意」のように相手の内面から引き出されるものとは考えにくいからです。

12 なぜ「キノコ狩り」は gathering mushrooms ではなく，mushroom gathering と言うの？

「キノコ狩り」を英語では mushroom gathering と言います。この gathering は動名詞と言い，動詞の原形に ing を付けて名詞にしたものです。動名詞はもともと動詞出身なので，名詞になったあとも動詞の性格を残しています。次の例文①では，動名詞 playing（[スポーツなどを]すること）は前置詞 at のあとに来ていますが，このように，前置詞のあとに来る（つまり「前置詞の目的語」になる）というのは名詞と同じ性質を持っている証拠なのです。一方，例文①の playing のあとには名詞 soccer「サッカー」が来ていますが，これは動詞 play（[スポーツなどを]する）が目的語をとるのと同じように，動名詞 playing も目的語をとるという動詞の性質を引き継いでいることを示しています。このように，動名詞は名詞と動詞の両方の性質を持つ表現なのです。

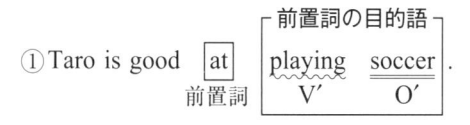

① Taro is good [at] [playing soccer].
　　　　　　　前置詞　V′　O′
　　　　　　　　　　└前置詞の目的語┘

（太郎はサッカーをするのが上手だ）

ところで，上の例文①のように，動名詞が他動詞である場合〈V（動詞）＋O（目的語）〉という形で使われることが多いので，「キノコ狩り」を，動名詞を使って表現すれば gathering mushrooms となるのではないかと考えたくもなります。

ここで思い出してほしいのが，動名詞は名詞としての性質も持っているということです。gathering「（花，実，野菜などを）摘むこと」は名詞としての性質を持っているので，名詞と同じように，前に形容詞を置いて修飾することができます。したがって，mushroom gathering は，次の図で示すように，前の mushroom「キノコ」という語が，ちょうど形容詞のように，名詞 gathering を修飾している形であると言えます。

mushroom gathering は〈形容詞＋名詞〉と同じ形

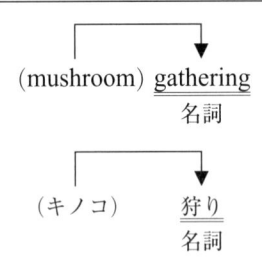

(mushroom) <u>gathering</u>
　　　　　　名詞

（キノコ）　<u>狩り</u>
　　　　　名詞

もちろん，mushroom の品詞は形容詞ではなく名詞です。しかし，英語では，名詞が2つ並ぶと，意味の上では前の名詞があとの名詞を修飾する形容詞のはたらきをする場合があります。

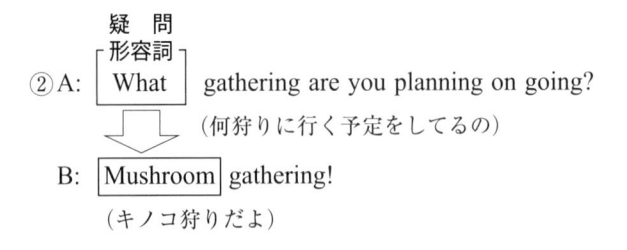

　　　　　疑　問
　　　　┌形容詞┐
②A:　│ What │ gathering are you planning on going?
　　　　　　　　　（何狩りに行く予定をしてるの）
　B:　│Mushroom│ gathering!
　　　（キノコ狩りだよ）

※この場合，Gathering mushrooms!（キノコを採ることだよ）とはあ

まり言いません。

英語では名詞と名詞が並んで〈形容詞＋名詞〉と同じはたらきをする

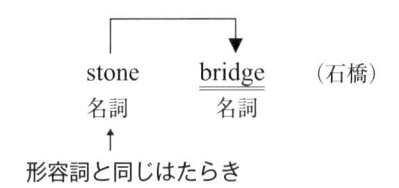

stone　bridge　（石橋）
名詞　　名詞
　　　　↑
形容詞と同じはたらき

　キノコ狩りの他にも，例えば「ブドウ狩り」を grape picking と言ったりします。
　それでは，gathering mushrooms という形が使われることは全くないの？と疑問に思われることでしょう。実は，gathering mushrooms という形が使われる場合もあります。

③Gathering mushrooms is exciting.
　（キノコを採ることは，楽しい）

　mushroom gathering は「キノコ狩り」で，gathering mushrooms は「キノコを採ること」と，意味が異なります。前者は複合名詞（2つ以上の名詞で作られた名詞）と呼ばれるもので，後者は行為を名詞化（〜する＋こと＝〜すること）した動名詞です。

> **発展** 不定詞の名詞的用法と動名詞，どっちが名詞らしいの？

ところで，動名詞と同じように，もともと動詞だったのが名詞のはたらきもするようになったものとして，不定詞の名詞的用法があります。

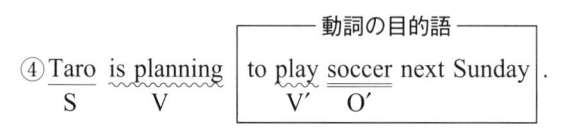

④ Taro is planning [to play soccer next Sunday].
　S　　V　　　　　　V'　　O'
　　　　　　　　　　　└── 動詞の目的語 ──┘

（太郎は次の日曜日にサッカーをすることを計画している）

不定詞の名詞的用法も，上の例文④のように目的語 soccer をとるので，動詞の性格を残していると言えます。それでは，動名詞と不定詞のどちらが名詞らしいでしょうか。その答えは動名詞です。例文①のように，動名詞は前置詞の目的語になることができますが，不定詞の名詞的用法は前置詞の目的語になれません。例えば，次の⑤は文法的に間違った表現です。

⑤ × Taro is good at to play soccer.

不定詞（の名詞的用法）が前置詞の目的語になれないのは，不定詞はもともと前置詞出身であり，前置詞は基本的には2つ並べて使うことができないからです。

もう1つ，動名詞が不定詞（の名詞的用法）よりも名詞らしいと考えられる理由は，動名詞は意味上の主語をあらわすために，名詞や代名詞の所有格を動名詞の前に置いて，〈所有格＋動

名詞〉という形をとることができるということです。

⑥ She was afraid of [my (所有格) / S′] [waking (動名詞) / V′] up the baby.

（彼女は私が赤ちゃんの目を覚まさせるのではないかと心配していた）

13 This book is easy to be read. には，なぜならないの？

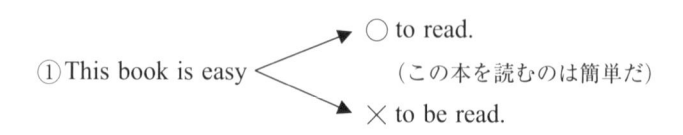

①This book is easy
- ○ to read.（この本を読むのは簡単だ）
- × to be read.

上の例文①において，主語 This book（この本）は，「読む」という行為をするものではなく，「（人によって）読まれる」対象です。したがって，to read という能動の不定詞ではなく，to be read という受身の不定詞にするのが自然なようにも思えます。しかし，この例文①は，受身の不定詞にすることは文法的に間違いなのです。なぜなら，例文①では，不定詞 to read（読むのは）の前に，不定詞の意味上の主語である for us（私たちが）などが省略されているからです。

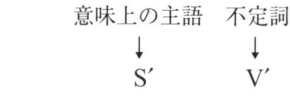

　　　　　　　　意味上の主語　　不定詞
　　　　　　　　　　↓　　　　　　↓
　　　　　　　　　　S′　　　　　V′
②This book is easy　[for us]　to read.
（この本は[私たちが]読むには簡単だ）

意味の上では for us（私たちが）が to read（読むのは）という行為の主語ですから，次の例文③のように，to be read（読まれるには）という受身の不定詞を用いるのは間違いなのです。

③ ✕ This book is easy [for us] to be read.
　　　　　　　　　　　　　 S′

（✕この本は[私たちが]読まれるには簡単だ）

受身の不定詞〈to be + 過去分詞〉にするのは文法的に間違い

　不定詞や動名詞の意味上の主語が省略されるのは主に次の3つの場合です。

(1) 意味上の主語が文の主語と同じ場合
(2) you や they といった一般の人々をあらわす場合
(3) 場面から主語が明らかな場合

14 分詞1語なのに，なぜ名詞のあとに置かれるの？

　分詞には現在分詞（〜ing 形）と過去分詞（〜ed 形など）と2種類があり，どちらも形容詞のように名詞を説明するはたらきをすることができます。この場合，現在分詞は「〜している」と能動的に訳し，過去分詞は「〜される／〜された」と受動的に訳します。

　さて，文法の教科書などでは，分詞が名詞を修飾する場合の語順には次のような決まりがあると習います。つまり，(1) 分詞が1語だけで名詞を修飾する場合は，分詞を名詞の前に置き（前置修飾），(2) 分詞が他の語句と一緒に名詞を修飾する場合は，名詞のあとに分詞と他の語句を置く（後置修飾）という決まりです。

前置修飾と後置修飾

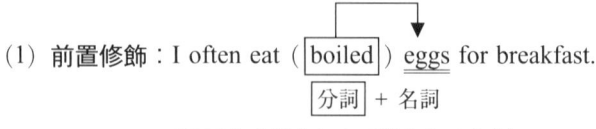

(1) **前置修飾**：I often eat (boiled) eggs for breakfast.
　　　　　　　　　　　　　分詞 ＋ 名詞

　　（私はよく朝食にゆで卵を食べます）

(2) **後置修飾**：I have a friend (living in New York).
　　　　　　　　　　　名詞 ＋ 分詞 ＋ その他の語句

　　（私にはニューヨークに住んでいる友達が1人います）

これが原則なのですが，しかし，分詞1語だけでも名詞のあとに来て後置修飾となる場合があります。

① We went to see the baseball game because we knew some of the boys (playing).
　　　名詞 ＋ 分詞

（私たちはプレーしていた男の子たちの何人かを知っていたので，その野球の試合を見に行った）

例文①を次のように前置修飾で表現すると正しい英文ではなくなります。

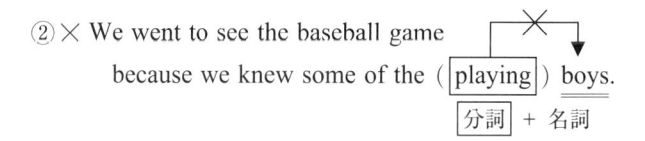

② × We went to see the baseball game because we knew some of the (playing) boys.
　　　分詞 ＋ 名詞

なぜ分詞1語でも名詞のあとに置かなければならない場合があるのでしょうか。分詞というもののはたらきを知れば，その謎がわかってきます。

最初に述べたように，分詞は名詞を修飾するときには形容詞のはたらきをしています。したがって，形容詞が名詞を修飾するときのはたらきをまず考えてみましょう。

③ Hanako is a (pretty) girl.
　　　形容詞 ＋ 名詞

（花子はかわいい女の子です）

例文③のように，形容詞が名詞の前に置かれるのは，形容詞であらわされる性質や状態を，名詞が常に変わらず持っている場合です。例文③の a pretty girl（かわいい女の子）とは，「"かわいい"という性質を常に持っている女の子」ということです。同じ人物が，かわいくなったり，そうでなくなったりと急に性質を変えることは考えられませんから，例文③で形容詞を名詞の前に置くのは正しい表現なのです。

　ここで話を分詞に戻しましょう。the playing boys が文法的に正しくない理由は，分詞も形容詞と同じように，名詞の前に置くと「常にプレーしている」という意味になってしまうからです。もちろん，プレーしているのは試合中だけですから，「一時的にプレーしている」ということをあらわすためには，the boys playing のように名詞のあとに分詞を置かなければなりません。つまり，分詞が名詞をあとから修飾（後置修飾）するという用法は，一時的なことをあらわすのに使われるのです。

　1語でも名詞のあとに置かなければならない場合があるのは分詞だけではありません。形容詞にも同じ用法があります。もちろんこの場合にも，形容詞があらわす性質・状態が一時的なものであることを意味しています。

④ There were thirty people (present).
　　　　　　　　　　　名詞 ＋ 形容詞

（出席していたのは 30 人だった）

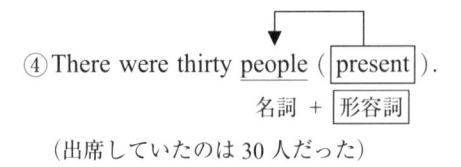

　このように，分詞あるいは形容詞が後置修飾の形になるのは，多くの場合，名詞と分詞または形容詞との間に〈関係代名

詞＋be 動詞〉が省略された形であると考えられるからです。

⑤ There were thirty people [who were] present.
　　　　　　　　　　　　　⇑
　　　　　　　　〈関係代名詞＋be 動詞〉が省略されている

15 強調構文には，なぜ It is 〜 that ... を使うの？

最初に強調構文について説明しましょう。強調構文とは，it と that の間に強調したい名詞や副詞を入れて強調する文のことです。

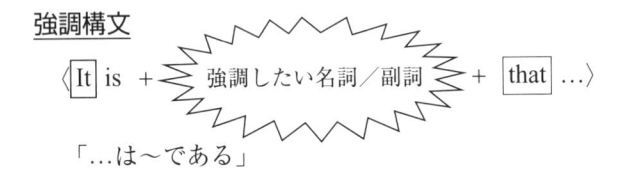

強調構文

⟨ It is + 強調したい名詞／副詞 + that ...⟩

「...は〜である」

例えば，次の例文①は，下線部ⓐ〜ⓓのどの部分を強調するかによって，(1)〜(4)の4通りの強調構文を作ることができます。

　　名詞　　　名詞　　　副詞　　　　副詞
① Taro met Hanako in the park yesterday.
　　ⓐ　　　　ⓑ　　　　ⓒ　　　　　ⓓ

(1) ⓐを強調した文

It was Taro that met Hanako in the park yesterday.

(昨日公園で花子に会ったのは [他の誰でもない] 太郎だった)

(2) ⓑを強調した文

|It| was ≋Hanako≋ |that| Taro met in the park yesterday.

（太郎が昨日公園で会ったのは［他の誰でもない］花子だった）

(3) ⓒを強調した文

|It| was ≋in the park≋ |that| Taro met Hanako yesterday.

（太郎が昨日花子と会った場所は［他でもない］公園だった）

(4) ⓓを強調した文

|It| was ≋yesterday≋ |that| Taro met Hanako in the park.

（太郎が公園で花子に会ったのは［他の日ではなく］昨日だった）

　動詞や形容詞を〈It is ～ that ...〉の強調構文で強調できないのはどうしてだろうかと，皆さんは不思議に思われたことがあるかもしれません。実は，動詞を強調したい場合には，助動詞 do を使って〈do＋動詞の原形〉とする方法があります。また，形容詞を強調したい場合には，very などを付けて「非常に～」とすることができます。つまり，動詞も形容詞も，強調構文以外の方法で強調できるので，わざわざ強調構文を使う必要がないのです。

　次に，なぜ〈It is ～ that ...〉という構文によって，it と that の間の名詞や副詞を強調することができるのかについて考えてみましょう。強調構文で it と that の間にはさまれた語句を強調できるのは，英語は文末に強調したいものを置く性質がある

言語（このような性質を持つ言語を文末焦点言語と言います）だからです。次の会話文をご覧ください。「誰が夕食を作ったの？」という質問に対しては，(1)と(2)の2種類の答え方ができます。

②Taro: Who cooked the dinner?
　Keiko:　(1) It was Hanako.
　　　　　（= It was Hanako that cooked the dinner.）
　　　　　　　　　　　　　　↑
　　　　　　　　　　質問と同じ表現なので省略できる
　　　　　(2) Hanako did.

　Who cooked the dinner? に対する答え方としては，まず代動詞 do を使った(2)を習うのが一般的であると思います。しかし，(1)の答え方も正解なのです。むしろ，「今日は，お母さんではなく，花子が夕食を作ったんだよ！」と花子を強調したい場合には(1)を使います。(1)の方が，(2)よりも「（他の誰でもない）花子が夕食を作った」ということを強調できるのです。なぜなら，(2)では Hanako という単語が文頭にあるのに対し，(1)では文末にあり，それだけ Hanako「花子」という情報を強調できるからです。なお，(1)は〈It is 〜 that ...〉の強調構文であり，It was Hanako のあとに that cooked the dinner が省略されていると考えることができます。この場合，that 以下が省略されているのは，that 以下の英語は質問と全く同じだからです。
　ところで，強調構文の it は何を受けているのでしょうか。たいていの場合，文頭の it は形式主語ですが，強調構文の it は今話題にあがっている人や物を受けています。強調構文におい

て，itは物だけではなく人を受ける場合もあり，様々なものを受けることができますが，itの用法すべてに共通するのは，話し手がすでに知っている情報を受けるということです。②の会話文の(1)では，itは質問の中ですでに言われている「夕食を作った人」を受けています。

では，次に強調構文のthatは何を指しているのか考えてみましょう。強調構文のthatが関係代名詞であることはよく知られています。例えば，②の会話文の(1)の（　）内で示した〈It is ～ that ...〉の強調構文をもう一度見てみましょう。この文のthatが関係代名詞であることは，thatのあとにはS（主語）がなく，V（動詞）であるcookedが来ているということからわかります。つまり，この文のthatは主格をあらわす関係代名詞なのです。

それでは，強調構文のthatが関係代名詞だとすれば，その先行詞は何なのでしょうか。関係代名詞といえば，つい先行詞は直前にあると考えて，thatの前の名詞だと答えてしまいそうになります。しかし，thatの前に来るのは名詞の他に副詞もありますし，たとえ名詞であっても，Taro「太郎」やHanako「花子」のような固有名詞は，通常，関係代名詞の制限（限定）用法の先行詞にはできません。制限（限定）用法とは，先行詞が，例えばboy「男の子」やgirl「女の子」などの普通名詞であって，今話題になっているのが「どの男の子」あるいは「どの女の子」であるのかを特定するためには，関係代名詞以下の説明によって制限（限定）する必要があるという用法です。ちなみに，固有名詞が先行詞となるのは，その固有名詞について話し手が補足説明をするときに使う，関係代名詞の非制限（継続）用法だけであり，その場合には〈先行詞＋コンマ(,)＋関係代名詞〉とい

う形をとります。

このように考えていくと、〈It is 〜 that ...〉の強調構文でthatの先行詞になる資格のある語（名詞）は、文頭のitしかないということになります。次の図をご覧ください。

強調構文のthatの先行詞は文頭のit

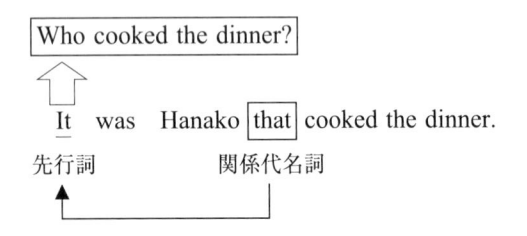

```
    ┌─────────────────────┐
    │ Who cooked the dinner? │
    └─────────────────────┘
              ↑
    It   was   Hanako │that│ cooked the dinner.
    先行詞              関係代名詞
     ↑_____|
```

代名詞のitが関係代名詞thatの先行詞であるということに違和感を覚える方もおられるかもしれません。しかし、英語には、次の例文のように代名詞が先行詞となる正式な用法があります。

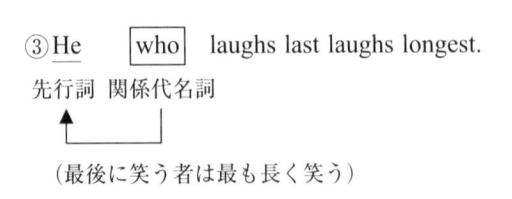

③He │who│ laughs last laughs longest.
先行詞 関係代名詞
 ↑_____|

（最後に笑う者は最も長く笑う）

上の例文③は英語のことわざで、「勝ったと思って笑っていても、最後には他の者が勝利するかもしれない（だから、早々と喜んではいけない）」という意味です。この文では関係代名詞whoの先行詞はheという代名詞になっています。

16 I think that ～ の that は, なぜ省略できるの？

　接続詞として活躍する that は, 名詞節を作ることができます。そして, 接続詞 that には省略できる場合とできない場合とがあります。

①I think (that) Taro is right.
　S　V　　　　　O
　　　　　　名詞節

（私は太郎が正しいと思う）

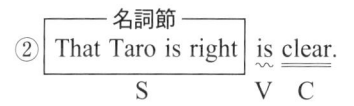

② That Taro is right is clear.
　　　　S　　　　　V　C
　　名詞節

（太郎が正しいということは明らかである）

　同じ名詞節を作る接続詞 that でも, 例文①のように名詞節がO（目的語）になる場合は省略できますが, 例文②のように名詞節がS（主語）になる場合は省略できません。どうして, このような違いが生じるのでしょうか。
　一般に, say（言う）, think（思う）, hope（望む）, などの動詞のあとに, 名詞節を作る that があれば, その that は省略することができます。特に, 主語が I（私）の場合この現象はよく起こります。that がある場合は形式的な表現, that がない場合はくだけた表現とも言えます。

I think などのあとの that が省略できるのは，I think に副詞的なはたらきがあるからです。I think は形の上では〈S（主語）＋V（動詞）〉ですが，副詞的なはたらきをする場合もあることを，まず日本語をもとにして考えてみましょう。

③［私が思うに］，太郎は正しい。
　　副詞的　　　　　文

上の日本語の例文③では，「私が思うに」という部分は，「太郎は正しい」という文を修飾している文副詞です。I think のあとの that を省略した文は，この構造と同じパターンを持っているのです。

④[I think]　Taro is right.
　　副詞的　　　文

I think の部分が本当に副詞であることを証明するためには，本家本元の副詞が出没する場所に I think を入れることができるかどうか，チェックしてみるとわかります。

何かを補足するために，コンマ (,) を使って文の中に割り込んでくる，いわゆる"挿入"は，副詞（句）として使われます。下の例文⑤では，副詞句 in my opinion「私の意見では」が文中に挿入されています。

⑤ The bags in this store, [(in my opinion)] ─挿入─ 副詞的 , are inexpensive.

（この店のカバンは，私の意見では，安い）

　例文⑤で示したような，副詞の指定席とも言うべき"挿入"の場所に，I think を入れることができます。下の例文⑥をご覧ください。

⑥ The bags in this store, [(I think)] ─挿入─ 副詞的 , are inexpensive.

　また，次のように文末に置くこともできます。

⑦ The bags in this store are inexpensive, [(I think)] ─文末─ 副詞的 .

　よって，I think のあとの that が省略されている場合は，話し手が I think を副詞的に使っていると考えることができます。
　けれども，wish（思う）などの動詞は，あとの that が省略されるにもかかわらず，挿入や文末に置いて使われることがなく，上記の説明にはあてはまりません。実は，that を省略しない場合は，that 節の内容に関して，例えば未来の内容（助動詞 will が使われる場合など）のように動詞が断定できない意味の場合，あるいは事実に基づいて客観的に断定する場合であり，

逆にthatを省略する場合は，内容に関して主観的・直観的に断定する場合という考え方もできるのです。wishは仮定法によく使われる動詞であり，現実の内容に関して断定をした上で，非現実的で主観的な願いをあらわすときに使います。よって，同じ「思う」の意味を持つ未来志向のhopeよりもwishの方がthatをよく省略する傾向にあるのです。この考え方に基づけば，ちょっとひねくれもののargue（主張する）やpronounce（断言する）など，必ずthatを必要とする動詞もきちんと説明できます。

⑧Japan's prime minister pronounced that Japan is in danger.
（日本の首相は，日本は危機的な状況であると断言した）

もちろんこの英文において，首相は何かのデータに基づいて日本は危機的な状況であるという内容を客観的にとらえて断言（断定）しているわけです。したがって，thatが必要になるのです。

発展 thatが省略できないときって？

さて，thatで始まる名詞節がO（目的語）となる場合に，なぜthatを省略できるのかという理由を考えてきましたが，名詞節がO（目的語）であっても，thatを省略してはならない場合もあります。それは，2つの名詞節がandをはさんで並べられている場合です。このような場合は，andのあともO（目的語）であることをはっきりさせるために，andのあとのthatは省略

しないのが普通です。

⑨ He said that Hanako was right and
　S　V　　　　O

　that I had to apologize to her for my behavior.
　　　　　　　　　O

（彼は花子が正しく，私が自分のふるまいについて彼女にあやまらなければならないと言った）

and のあとの that がなければ，次のような文構造だと理解されます。もちろん文構造が変われば，文の意味も違ったものになってしまいます。

⑩ He said that Hanako was right and
　S　V　　　　O

　I had to apologize to her for my behavior.
　S　　　V

（彼が花子が正しいと言ったので，私は自分のふるまいについて彼女にあやまらなければならなかった）

17 because 節は，なぜ文頭に置かない方がいいの？

　英語という言語には，結論を先に示しておいて，それについての理由をあとから述べるという性格があります。理由をあらわす because 節「～なので」を文頭に置かない方がよいのは，このような英語の性格によります。

　また，接続詞 because は，同じ理由をあらわす接続詞の since や as に比べて，理由をあらわす節を特に強調しようとするときに使われます。したがって，文末に重要な内容を置くという英語の性格（このような性格を持つため英語は「文末焦点言語」であると言われます）によって，because 節は文末に置かれることが多いのです。

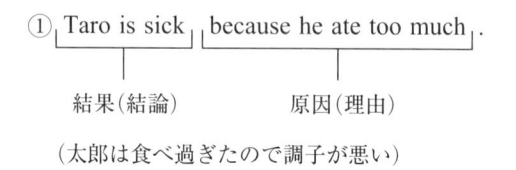

① Taro is sick | because he ate too much .

　　結果（結論）　　　　原因（理由）

（太郎は食べ過ぎたので調子が悪い）

　上の例文①は，太郎は「食べ過ぎた」という原因によって，「調子が悪い」という結果になったということを意味しています。英語では結果（結論）を先に提示し，あとから原因（理由）を述べる方が自然なので，例文①のように原因をあらわす because 節「食べ過ぎたから」を文末に置くのです。

　ただし，理由をあらわす as や since の節は，わざわざ強調する必要もないことや，もうすでに知っている情報（旧情報）を

あらわすときに使われるため，文末には置かれない傾向にあります。

②Did you come here [○because／×as／×since] you wanted money?
（君はお金が欲しかったのでここに来たのか）

次のように，It is 〜 that ... の強調構文で使えないのがその証拠です。

③It's [○because／×as／×since] you helped me that I succeeded.
（私が成功したのは君が手助けしてくれたからだよ）

しかし，because 節を文頭に置いた方がよい場合もあります。

④Taro didn't drop at my house because his car broke down.

上の例文④は，文末に because 節が置かれていますが，この語順のままでは，2通りの意味に解釈できる曖昧な表現になってしまいます。because 節を文末に置いた例文④は，「太郎は私の家に立ち寄らなかった」とも理解でき，全く逆の意味である「太郎は私の家に立ち寄った」とも理解できるのです。

例文④の曖昧さのもとになっているのは，not の守備範囲です。not には自分よりあとの語句を否定するというはたらきがありますが，not によって否定される範囲が変われば，文の意味も変わってきます。例文④が2通りに解釈できるのは，例

文④の not の守備範囲が2通りに理解できるからなのです。

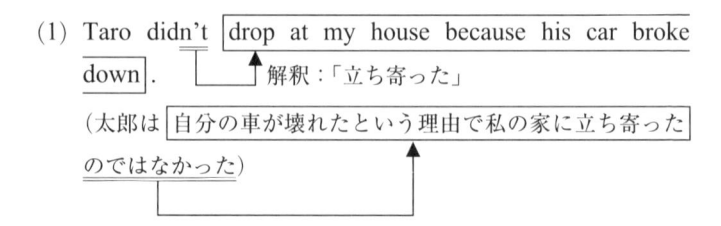

(1) Taro didn't drop at my house because his car broke down. →解釈:「立ち寄った」
（太郎は自分の車が壊れたという理由で私の家に立ち寄ったのではなかった）

(2) Taro didn't drop at my house because his car broke down. →解釈:「立ち寄らなかった」
（太郎は自分の車が壊れたために
私の家に立ち寄ることを しなかった）

例文④の because 節を文頭に置けば，not の守備範囲が1つに限定され，(2) の解釈のみになりますので，このような曖昧さがなくなります。

発展 because と "〜, for ..." の意外なつながりって？

⑤ Because his car broke down, Taro didn't drop at my house.
（太郎は自分の車が壊れたために，私の家に立ち寄ることはしなかった）

上の例文⑤では，because 節を文頭に置くために，コンマ (,) を使っています。しかし，because 節が文頭に来ない場合でも，

コンマを使う場合があります。

⑥ Hanako isn't here, because I don't see her.
　　（花子はここにはいないよ。というのは，彼女を見かけないから）

　上の例文⑥では，because の前に必ずコンマが必要です。なぜなら，例文⑥の because 節は，「花子がここにいない」という事実がどうして起こったのかについての原因を述べたものではなく，「花子がここにいない」という話し手の判断の根拠を述べたものだからです。

　原因というのは，例えば，「花子が熱を出して寝込んでいる」や「花子の運転する車が渋滞に巻き込まれた」など，「花子がここにいない」という結果をもたらす様々な事情を指しています。一方，根拠とは，「花子の姿を見かけない」や「花子の名前を呼んでも返事がなかった」など，「花子はいないよ」という話し手の判断を支える証拠を指しています。

　話し手の判断の根拠をあらわす because 節とコンマは，とても密接に関係しています。この〈コンマ (,) + because〉という表現は，〈コンマ(,) + for〉で置きかえることができます。ただし，because が原因・理由を主にあらわすはたらきがあるのに対し，話し手の判断の根拠や解説を述べるために使われる〈コンマ (,) + for〉は，言いかえれば前で言った内容に対して説明を付け加えるはたらきを主にします。よって，先ほどの例文のような意味を持つ場合は，⑥の例文よりも⑦の例文の方がより自然な文と言えます。

⑦Hanako isn't here, for I don't see her.

（花子はここにはいないよ。というのは，彼女を見かけないから）

　例文⑦のように，文中で使われる接続詞 for の前にコンマが必要なのは，for が判断の根拠や解説をあらわす because と同じはたらきをしているからです。判断の根拠をあらわす because は文頭に置かない傾向にあります。また，文頭に for を置くことは，この用法においてはできません。

⑧ △ Because ⎫
　　 × For　　⎬ I don't see her, Hanako isn't here.
　　　　　　 ⎭

参考文献

安藤貞雄 (2005)『現代英文法講義』開拓社,東京.
安藤貞雄 (2008)『英語の文型——文型がわかれば,英語がわかる』開拓社,東京.
Bolinger, D. (1972) *That's That*, Mouton, The Hague.
Bolinger, D. (1977) *Meaning and Form*, Longman, London.
Celce-Murcia, M. and D. Larsen-Freeman (1999²) *The Grammar Book*, Heinle & Heinle, New York.
Croft, W. (1991) *Syntactic Categories and Grammatical Relations*, University of Chicago Press, Chicago.
Dancygier, B. and E. Sweetser (2005) *Mental Space in Grammar: Conditional Constructions*, Cambridge University Press, Cambridge.
Declerck, R. (1991) *A Comprehensive Descriptive Grammar of English*, Kaitakusha, Tokyo.
Dirven, R. and G. Radden (2007) *Cognitive English Grammar*, John Benjamins, Amsterdam.
江川泰一郎 (1991³)『英文法解説』金子書房,東京.
藤井健夫・大島新 (編) (2002)『ことばの世界』大阪教育図書,大阪.
Goldberg, A. E. (1995) *Constructions: A Construction Grammar Approach to Argument Structure*, University of Chicago Press, Chicago.
Haegeman, L. and H. Wekker (1984) "The Syntax and Interpretation of Futurate Conditionals in English," *Journal of Linguistics* 20, 45-55.
Hopper, P. J. and E. C. Traugott (2003²) *Grammaticalization*,

Cambridge University Press, Cambridge.

細江逸記 (1933)『動詞叙法の研究』泰文堂, 東京.

Jackendoff, R. S. (1983) *Semantics and Cognition*, MIT Press, Cambridge, MA.

Jespersen, O. (1909-49) *A Modern English Grammar*, 7 vols., Allen & Unwin, London.

Jespersen, O. (1924) *The Philosophy of Grammar*, Allen & Unwin, London.

影山太郎（編）(2009)『日英対照 形容詞・副詞の意味と構文』大修館書店, 東京.

柏野健次 (1993)『意味論から見た語法』研究社出版, 東京.

衣笠忠司 (1998)『語法研究と言語情報』英宝社, 東京.

吉良文孝 (2005)「主観的／客観的モダリティと「否定」,「疑問化」,「条件化」」『英語青年』151.4, 234-237.

北林利治 (2001)『英語における省略現象』英宝社, 東京.

小西友七 (1970)『現代英語の文法と語法』大修館書店, 東京.

Kuno, S. (1979) "On the Interaction between Syntactic Rules and Discourse Principles," G. Bedell, E. Kobayashi, and M. Muraki (eds.) *Explorations in Linguistics*, 279-304. Kenkyusha, Tokyo.

Lakoff, G. and M. Johnson (1980) *Metaphors We Live By*, University of Chicago Press, Chicago.

Lakoff, G. (1987) *Woman, Fire and Dangerous Things: What Categories Reveal about the Mind*, University of Chicago Press, Chicago.

Langacker, Ronald W. (1990) *Concept, Image, and Symbol*, Walter de Gruyter, Berlin and New York.

Langacker, Ronald W. (1991) *Foundations of Cognitive Grammar*, vol. 2: *Descriptive Application*, Stanford University Press, Stanford.

Langacker, Ronald W. (1992) "Prepositions as Grammatical(izing) Elements," *Leuvense Bijdragen* 81, 287–309.

Langacker, Ronald W. (1992) "The Symbolic Nature of Cognitive Grammar: The Meaning of *of* and of *of*-Periphrasis," Martin Pütz (ed.), *Thirty Years of Linguistic Evolution: Studies in Honour of René Dirven on the Occasion of His Sixtieth Birthday*, 483–502. John Benjamins, Philadelphia.

Langacker, Ronald W. (2002) "The Control Cycle: Why Grammar is a Matter of Life and Death," *Proceedings of the Second Annual Meeting of the Japanese Cognitive Linguistics Association* 2, 193–220.

Leech, G. N. (2004³) *Meaning and the English Verbs*, Longman, London.

松井千枝 (2004)「比較構文の意味」『英語青年』149.12, 45–47.

ミントン, T. D. (2004)『ここがおかしい日本人の英文法 III』(水嶋いづみ (訳)) 研究社, 東京.

村田勇三郎 (1982)『機能英文法』大修館書店, 東京.

中川右也 (2006)「言語現象を忠実に教授する――仮定法を中心に」『CHART NETWORK』No. 50, 18–21, 数研出版.

中川右也 (2007)「比較表現の考察――授業実践の実例と諸問題について」『CHART NETWORK』No. 54, 3–7, 数研出版.

中川右也 (2008)「二重目的語構文と与格構文をめぐって――構文指導における理論と実践」『CHART NETWORK』No. 56, 19–22, 数研出版.

中川右也 (2009)『「なぜ」がわかる英文法』ベレ出版, 東京.

中島文雄 (1980)『英語の構造』(上, 下) 岩波書店, 東京.

中村芳久 (2001)「二重目的語構文の認知構造」『認知言語学論考』No. 1, 59–110. ひつじ書房, 東京.

中野弘三 (1993)『英語法助動詞の意味論』英潮社, 東京.

Onions, C. T. (1904) *Advanced English Syntax*, Kegal Paul,

London.

大沼雅彦 (1968)「性質・状態の言い方／比較表現」『英語の語法表現篇』第 3 巻，研究社，東京．

大塚高信 (1938)『英文法論考』研究社，東京．

Pinker, S. (1989) *Learnability and Cognition*, MIT Press, Cambridge.

Quirk, R., S. Greenbaum, G. Leech and J. Svartvick (1972) *A Grammar of Contemporary English*, Longman, London.

Quirk, R. and S. Greenbaum (1976) *A University Grammar of English*, Longman, London.

Quirk, R., S. Greenbaum, G. Leech and J. Svartvick (1985) *A Comprehensive Grammar of the English Language*, Longman, London.

Rivière, C. (1981) "Is *Should* a Weaker *Must*?," *Journal of Linguistics* 17, 179–195.

Rivière, C. (1983) "Modal Adjectives: Transformation and Synonymy, and Complementation," *Lingua* 59, 1–45.

佐久間治 (2001)『英語の語源のはなし』研究社，東京．

佐藤芳明・田中茂範 (2009)『レキシカル・グラマーへの招待』開拓社，東京．

澤田治美 (1983)「形容詞・副詞の比較――意味解釈の原理を求めて」『英語教育』32.9, 31–33, 88.

澤田治美 (2006)『モダリティ』開拓社，東京．

Schmitt, N. and R. Marsden (2006) *Why Is English Like That?: Historical Answers to Hard ELT Questions*, University of Michigan Press, Michigan.

Swan, M. (2005³) *Practical English Usage*, Oxford University Press, London.

Sweetser, E. (1990) *From Etymology to Pragmatics*, Cambridge University Press, Cambridge.

Taylor, John R. (2008) "Some Pedagogical Implications of Cognitive Linguistics," S. De Knop and T. De Rycker (eds.), *Cognitive Approaches to Pedagogical Grammar: A Volume in Honour of René Dirven*, 37-65. Mouton de Gruyter, Berlin and New York.

Thomson, A. J. and A. V. Martinet (1986[4]) *A Practical English Grammar*, Oxford University Press, London.

土屋知洋 (2009)「ZERO-*that* 補文と *that* 補文による意味の相違——願望動詞 *wish* と *hope* に焦点をあてて」*JELS* 26, 119-128.

土屋知洋 (2009)「*That* 補文と zero-*that* 補文の選択と動詞の意味——意味的統語研究」『日本英文学会 第 81 回大会 Proceedings』, 137-139.

辻幸夫 (編) (2003)『認知言語学への招待』(シリーズ認知言語学入門 第 1 巻 池上嘉彦・河上誓作・山梨正明 (監修)), 大修館書店, 東京.

Tyler, A. and V. Evans (2003) *The Semantics of Prepositions: Spatial Scenes, Embodied Meaning and Cognition*, Cambridge University Press, Cambridge.

内木場努 (2004)『こだわりの英語語法研究』開拓社, 東京.

内海彰 (2005)「隠喩と直喩, どちらが詩的か?」『人工知能学会 第 21 回ことば工学研究会資料』1-11.

八木克正 (1987)『新しい語法研究』山口書店, 京都.

八木克正 (1996)『ネイティブの直観にせまる語法研究——現代英語への記述的アプローチ』研究社出版, 東京.

八木孝夫 (1987)『程度表現と比較構造』(新英文法選書 第 7 巻 太田朗・梶田優 (編)), 大修館書店, 東京.

山梨正明 (1988)『比喩と理解』東京大学出版会, 東京.

山梨正明 (2000)『認知言語学原理』くろしお出版, 東京.

山梨正明 (2009)『認知構文論』大修館書店, 東京.

安井稔 (1996^2)『英文法総覧』開拓社,東京.

索　引

1. 見出し語は ABC 順で，日本語で始まるものはローマ字読みで並べてある。
2. 数字はページ数を表す。

[A]

able　83, 84
ain't　117
already　25, 91, 92
and　105, 106, 107, 174, 175
アニアンズ　141
anything but　72, 73
aren't　116
argue　174
as　85, 86, 87, 124, 125, 176
ask　153
圧力　5, 6, 7
avoid　39, 40, 41

[B]

be　14, 15, 48, 109, 116
beautiful　86, 87
because　20, 21, 22, 99, 107, 176, 177, 178, 179, 180
because of ~　109
become　34
be covered with ~　33
be going to　17, 18, 60
be interested in ~　33
being + 過去分詞　44
be + 過去分詞　27, 29, 34, 43
be known to ~　32, 33
believe　15, 140, 141
beside　28
best　122, 123
be to 不定詞構文　60, 93, 94, 145, 146
better　122, 123
bill　118
body　89
break　103, 104
文末焦点言語　92, 168, 176
文末焦点原理　134
文法化　18
分詞構文　99
but　3, 10, 72, 73, 106
buy　35

buy 型動詞　35, 36, 37
by　27, 28, 32, 33, 34, 62

[C]

call　63
can　70, 94
cannot help ～ing　70, 71
careless　148
chair　119
直説法　108, 112, 113
clever　148
coin　118
convenient　74, 75, 76
cook　35

[D]

day by day　81
dead　88, 90
decide　38, 39
demand　48
desk　119
die　89, 90
difficult　76
disappointing　50
dislike　41, 42
do　5, 14, 15, 167, 168
動作動詞　81
同等比較　124
drive　60

[E]

each　66, 67, 68, 69
英語の論理　77
enjoy　39, 82
essential　49
even if　113
every　66, 67, 68, 69
expect　38

[F]

favor　153, 154
find　35
for　35, 36, 37, 95, 109, 147, 148, 150, 151, 153, 160, 178, 179, 180
force　60
付加疑問文　116, 135, 136
不可算名詞　118, 119
複合名詞　157
furniture　119
付帯状況　99, 100, 101

[G]

言語の経済性の法則　22
限定用法　129
get　59, 60
give　35
give 型動詞　35, 36, 37
語源　6
語基　83

good 122
逆接 105, 106, 114

[H]

hand 35
happy 86
have 58, 59, 61, 78, 79
have to 4, 5, 6, 7, 8, 9
help 70, 77
比較変化 122
比較構文 127
homework 76, 77, 118, 119
hope 171, 174
how 62, 143
評価 84, 86, 87

[I]

if 19, 23, 75, 99, 113, 114
if it were not for ～ 108, 109, 110
イメージ 2, 33, 37, 38, 58, 68, 82, 88, 97, 105, 107, 149, 153
意味上の主語 46, 47, 95, 108, 147, 148, 150, 151, 152, 158, 160, 161
impel 60
in 33
in- 84
inexpensive 84

information 119
in relation to ～ 77
in respect of ～ 77
invaluable 84
isn't 116
it 75, 76, 109, 134, 135, 136, 140, 147, 148, 166, 167, 168, 170
It is ～ that ... 166, 167, 168, 169, 170, 177

[J]

自動詞 102, 103, 104
時制の一致 48, 51, 52, 53, 54, 55, 56, 57
譲歩 3, 113, 114
情報 9, 11, 13, 134, 168, 169, 176
叙述用法 129, 130, 131
状態動詞 81
受動態 27, 29, 30, 32, 33, 34, 104
準代名詞 135
順接 105, 106

[K]

感情の should 50
関係代名詞の非制限（継続）用法 169
関係代名詞の制限（限定）用

法　169
可算名詞　118, 119
仮定法　18, 108, 109, 112, 113, 114, 174
仮定法現在　48
形式主語　75, 130, 147, 148
kind　148
機能語　18
禁止の命令文　4
know　51, 80
後置修飾　162, 163, 164
固有の特徴　78
客観性　8
強調構文　110, 166, 167, 168, 169, 170, 177
距離感　112, 113

[L]

let　58, 59
love　80, 81, 82

[M]

make　35, 36, 58, 59, 137
many　124, 125
may　2, 3, 117
名詞化　157
might as well ～　23
mind　39
money　118
must　4, 5, 6, 7, 8, 9, 10, 11, 12, 13, 117
mustn't　117

[N]

natural　50
near　28
necessary　49, 76
need　43, 44, 45, 46
next to　28
ネクサス　100
二重目的語構文　134, 135
能動態　27
not　14, 72
not の守備範囲　177, 178

[O]

of　67, 148, 149, 150, 151, 152, 153, 154
offer　35
old　85, 86
on　97, 98, 149
owing to ～　109

[P]

ポーズ　150, 151
possible　76
promise　38, 95
pronounce　174

[R]

read 29, 30, 105, 160
refuse 38

[S]

save 35
say 49, 62, 171
send 35
接尾辞 83, 84
接頭辞 83, 84
short 86
should 10, 11, 12, 13, 48, 49, 50, 93, 94, 144
shouldn't 117
since 176
挿入 172, 173
stop 39, 40, 70
suggest 48
推論の方法 12
surprising 50
尺度 85, 86, 124, 125
省略 46, 47, 75, 76, 94, 109, 128, 129, 146, 151, 161, 165, 168, 171, 172, 173, 174
主観性 8

[T]

他動詞 102, 103, 155
対象性 135

tall 85, 86
teach 35, 36
textbook 119
that 48, 49, 50, 134, 135, 136, 141, 152, 166, 167, 168, 169, 170, 171, 172, 173, 174, 175
the 128, 129, 130
think 171, 172, 173
though 99
to 17, 32, 36, 60, 133, 138, 139, 153

[U]

un- 83, 84
unusable 83, 84
use 83, 84

[V]

very much 123

[W]

話題化 31
want 41, 42, 44, 45, 137, 138, 139, 140, 141
wardrobe 119
well 122
what 61, 62, 63, 143
when 19, 20, 21, 22, 23, 99, 143

where 143
which 123, 143
wh 移動 61
who 144, 145, 146, 170
why 143, 144
will 10, 11, 19, 20, 22, 23, 24, 25, 173
will have + 過去分詞 24, 25, 26
will have to 6
Will you ～? 112
wish 173, 174
with 33, 34, 77, 99, 100, 101, 103, 145
won't 117
Would you ～? 112

[Y]

yet 91, 92
young 86

[Z]

前置詞の目的語 145, 155, 158
前置修飾 162, 163

【著者紹介】

中川右也 (なかがわ　ゆうや)

1980年8月11日名古屋市に生まれる。修士(英語学)，修士(英語教育学)。神戸市外国語大学大学院外国語学研究科修了。鈴鹿高等学校教諭。中学校文部科学省検定教科書『COLUMBUS 21 ENGLISH COURSE』(光村図書出版)編集委員。専門は認知言語学，英語教育学，教育工学。最近では，無料アプリ『きりはらの森』の中にある「TREND 17」や「きほんごレシピ」の監修を務めている。

予備校，中学，高校のほか，企業研修等で教える傍ら，模擬試験問題点検や私立大学入学試験問題作成，点検および解答・解説作成にも携わる。

主な著書・論文として，『『なぜ』がわかる英文法』(ベレ出版)，『ジャズで学ぶ英語の発音』(コスモピア・共著)，『センター試験 英語 過去問題集 文法・語法 頻出17項目の演習 TREND 17』(桐原書店・共著編)，『CD付 TOEIC® TEST 即効15日計画 はじめてでも500点突破!!』(三修社・共著), "A Study on the Effectiveness of Using Visual Images in Teaching Phrasal Verbs" (*Journal of Teaching English* 22, 2013), 「"心的距離感"の概念を用いた仮定法表現の指導法：学習英文法への認知言語学の応用」(『日本認知言語学会論文集』第14巻, 2014) などがある。

〈イラスト〉生田慶子／木上友紀子

教室英文法の謎を探る

著作者	中川右也
発行者	武村哲司
印刷所	日之出印刷株式会社

2010年7月23日　第1版第1刷発行
2017年8月15日　　　　　第2刷発行

発行所　株式会社 開 拓 社
〒113-0023 東京都文京区向丘1-5-2
TEL 03-5842-8900(代表)　FAX 03-5842-8900
振替 00160-8-39587　http://www.kaitakusha.co.jp

©Yuya Nakagawa, 2010　　　　ISBN978-4-7589-1305-8　C0082

|JCOPY| ＜(社)出版者著作権管理機構 委託出版物＞
本書の無断複写は著作権法上での例外を除き禁じられています。複写される場合は，そのつど事前に，(社)出版者著作権管理機構(電話 03-3513-6969, FAX 03-3513-6979, e-mail: info@jcopy.or.jp)の許諾を得てください。